A. M. D. G.

Louange à Dieu
Et à la Bienheureuse Vierge Marie Immaculée

SOUVENIR
DES NOCES D'OR
ET
DES NOCES DE DIAMANT

DE

M. L'ABBÉ BATCAVE

Chanoine honoraire, Curé-doyen de Nay

CÉLÉBRÉES

Le 27 Novembre 1879

ET

Le 27 Novembre 1889

Cum jubilæi venerit dies, sanctificatus erit Domino.
(LEVIT. XXVII, 21.)

Fortitudo mea et laus mea Dominus.
(PSALM. 117.)

PAU
IMPRIMERIE VIGNANCOUR, PLACE DU PALAIS

1890

La grande fête du jubilé sacerdotal de M. l'abbé Batcave, chanoine honoraire, curé-doyen de Nay, célébrée le 27 novembre 1879, devint l'objet d'un article remarquable, publié, à cette époque, dans la *Semaine Religieuse* du diocèse, et aussi la matière d'une intéressante brochure, distribuée, quelque temps après, aux amis et aux parents de l'insigne jubilaire. Mais le tirage en ayant été insuffisant, vu le grand nombre des uns et des autres, il a paru indispensable de rééditer ce travail, pour le joindre au récit des manifestations triomphantes qui ont été renouvelées, dix ans après, le 27 mars 1889, en l'honneur de l'auguste vieillard, à l'occasion de ses belles noces de diamant.

Les personnes qui recevront cet opuscule sont priées de le regarder comme un suprême témoignage d'affection, que M. l'abbé Batcave, parvenu aux dernières limites de l'âge, leur adresse, en forme d'adieu, avant de quitter ce monde, afin d'obtenir de chacune d'elles, en retour, la grâce d'une pieuse prière, quand il n'y sera plus.

L'auteur de ces lignes s'est entouré des meilleurs renseignements et a recueilli les détails les plus précis pour retracer le souvenir des noces de diamant de M. le Doyen de Nay. Il peut donc affirmer la parfaite exactitude de son compte-rendu et il est heureux de le présenter à M. l'abbé Batcave comme un hommage personnel d'estime et de profonde vénération.

LES NOCES D'OR

Nous reproduisons ici le texte intégral de la brochure, publiée en 1879, qui raconte les Noces d'Or du vénéré doyen :

UN JUBILÉ SACERDOTAL

Cinquante ans de sacerdoce !!! Un demi-siècle écoulé dans les glorieuses luttes du saint ministère, dix lustres entièrement consacrés au bien-être moral et plus d'une fois au bien-être matériel des populations, n'es-ce pas un titre bien précieux à la vénération et à l'admiration des fidèles, une auréole radieuse de gloire pour le pasteur ? Heureuses les paroisses qui peuvent, en pareille circonstance, tresser une couronne de sympathie et de reconnaissance à celui qui, durant de longues années, a été leur guide, leur père, leur ami, leur frère, leur consolateur ! Comme il leur est doux d'obéir au précepte divin qui impose le devoir de célébrer le cinquantième anniversaire d'un grand événement ! *Sanctificabisque annum quinquagesimum.* Si un pareil anniversaire provoque, parmi les simples fidèles, de légitimes jubilations, de quels accents, de quelle allégresse ne doit-on pas le saluer dans les rangs de la milice sacerdotale où il ne se présente, hélas ! que bien rarement. Cinquante années de sacerdoce !!! Jamais assurément cette gracieuse dénomination : les *Noces d'or*, ne reçut un sens plus légitime et plus expressif.

Depuis longtemps déjà, les maisons religieuses et beaucoup de prêtres se préparaient pour célébrer ce bel anniversaire. La *Semaine Religieuse* du 23 novembre le saluait, à l'avance, en ces termes :

« Une émouvante cérémonie aura lieu, jeudi prochain, dans la ville de Nay ; M. l'abbé *Batcave*, le vénérable et sympathique doyen, va célébrer ses *Noces d'or*. Les habitants de cette charmante petite cité se préparent à faire, en l'honneur de leur bien-aimé pasteur, une démonstration qui prendra probablement toutes les proportions d'un véritable événement et laissera loin derrière elle tout ce qui a été fait jusqu'ici dans des circonstances semblables.

« Aussi bien, il a mille fois mérité les sympathies de ses paroissiens, ce prêtre vénéré sur le front duquel brille d'un éclat si aimable la triple auréole d'une longue carrière sacerdotale, du zèle intelligent et infatigable, et d'une exquise bonté. De quels sentiments de vénération profonde et d'affectueuse admiration la paroisse de Nay est pénétrée pour celui qui la dirige depuis 31 ans dans les voies de la vertu, nous n'avons pas à le dire ici. Avec plus d'autorité que nous, M. l'abbé *Menjoulet*, vicaire-général, délégué de Mgr l'Evêque, se fera l'interprète de la reconnaissance des fidèles et des sympathies de tous les prêtres du diocèse parmi lesquels le digne doyen ne compte que des amis.

« Cependant, la *Semaine Religieuse* est heureuse de saluer dès aujourd'hui ce jubilé sacerdotal et de se faire l'écho des félicitations et des vœux que le clergé adresse à ce prêtre dont les vertus ne sont pas son moindre ornement.

« Puisse la ville de Nay posséder longtemps encore ce Pasteur que le ciel semble particulièrement bénir, en lui accordant une vigueur que les années sont impuissantes à ébranler ! Puisse se réaliser ce souhait qui traduit parfaitement les sentiments inspirés par cette solennité aux nombreux amis du vénérable doyen et chanoine :

AD MULTOS ANNOS ! !

« En attendant que nous puissions tenir nos lecteurs au courant des nombreux détails de cette touchante solennité, voici les dates principales de cette belle carrière sacerdotale :

« Né le 4 septembre 1805, M. l'abbé Batcave fit ses premiers pas dans la cléricature le 24 mai 1823, jour où il reçut la tonsure des mains de Mgr D'ASTROS. Le 26 juin 1823, il entrait dans les Ordres mineurs dans l'église d'Orthez, sa paroisse natale. Il fut ordonné sous-diacre le 15 mai 1828, dans l'église Ste-Croix d'Oloron, diacre le 20 décembre de la même année dans la chapelle du séminaire de Bayonne, prêtre le 22 novembre 1829 dans la chapelle du Petit-Séminaire d'Oloron, avec M. l'abbé *Ségalas*, son ami, si prématurément enlevé au diocèse qui pouvait tant espérer de ses talents et de ses vertus.

« Le nouveau prêtre, envoyé comme vicaire à Ste-Marie d'Oloron, le 16 juillet 1830, fut ensuite nommé vicaire à Ste-Croix d'Oloron, le 21 juillet 1831, chapelain du monastère des Carmélites d'Oloron, le 25 novembre 1836, par Mgr d'Arbou; vicaire de St-Martin de Pau en 1838.

« Après dix années passées dans cette ville qui a toujours conservé de lui un excellent souvenir, M. l'abbé Batcave fut nommé curé-doyen de Nay, le 16 novembre 1847, et installé par M. l'abbé *Darbélit,* archiprêtre de Pau, le 4 mars 1848.

« Mgr Lacroix, avant d'abandonner le fardeau de l'administration diocésaine, voulut donner au vénéré doyen un témoignage de sa vive satisfaction en le nommant chanoine honoraire, le 26 février 1876. »

La ville de Nay vient de confirmer d'une manière solennelle toutes ces belles prévisions. Grand était son empressement pour donner au jubilé sacerdotal du bien-aimé pasteur un éclat extraordinaire; mais plus grande a été la solennité à laquelle prêtres et fidèles ont prêté un concours aussi enthousiaste qu'empressé.

Nous l'avons déjà dit, cette fête émouvante a dépassé toutes les prévisions. Depuis longtemps tout était préparé pour le grand jour; aussi, dès la veille, la ville entière était, pour ainsi dire, sillonnée par un courant de joie; et si les grands événements ont été souvent annoncés par les messagers célestes, cette fête était saluée tout d'abord, sinon par les anges du ciel, du moins par leurs frères de la terre.

Le mercredi, veille du grand jour, la jeunesse innocente des écoles chanta le premier *Alleluia* de la fête du Père bien-aimé qui l'entoure de tant de sollicitude. De charmants dialogues, d'exquises poésies, des allégories délicieuses firent entendre, au Couvent des Filles de la Croix, comme un premier concert de louanges et de vœux.

Le digne Pasteur fut profondément ému de cette surprise qu'on lui avait ménagée avec tant de délicatesse. Aussi bien, les prémices de la reconnaissance appartenait à cette jeunesse des écoles pour laquelle M. l'abbé Batcave s'est sacrifié avec une générosité qui a su triompher de tous les obstacles et surmonter bien des difficultés. Convaincu que pour faire marcher une paroisse dans la voie des pratiques religieuses il n'est pas de moyen plus puissant qu'une éducation chrétienne, le zélé et intelligent pasteur a consacré le meilleur de sa vie sacerdotale à cette œuvre couronnée d'un brillant succès. A l'heure qu'il est, l'école congréganiste, l'asile et l'ouvroir de Nay, dirigés par les excellentes Filles de la Croix, sont des plus florissants. On comprendra facilement les sentiments de reconnaissance et d'amour dont cette intéressante jeunesse entoure le même ministre du Seigneur. Ces sentiments se sont traduits, d'une manière touchante, la veille du grand jour des *Noces d'Or*. Nous voudrions reproduire ces dialogues empreints d'une grâce toute enfantine et d'une naïveté charmante; mais l'espace nous fait défaut. Citons cependant ce rêve délicieux dans lequel une jeune fillette raconte avoir vu les beaux tableaux qu'elle esquisse à ses jeunes compagnes :

— Oh! que c'est beau, des Noces d'Or ! Maman m'a expliqué ce que cela voulait dire, et j'en ai été si ravie que j'en ai rêvé la nuit toute entière.

— Un rêve? un rêve d'Or sans doute?

— Oh! vite, vite, raconte-le nous.

— Bien volontiers, et vous allez voir que, cette fois au moins, tout songe n'est pas mensonge. J'ai vu, dans une belle prairie, de blancs petits agneaux dont toutes les allures respiraient la paix et le bonheur; les uns paissaient l'herbette fleurie, les autres dormaient paisiblement, ceux-ci se livraient en bondissant à leurs joyeux ébats, ceux-là faisaient entendre de gracieux bêlements, tous entouraient le berger et faisaient à ses pieds comme une immense couronne. Le berger, dont il me semblait reconnaître les traits, contemplant avec amour son heureux troupeau, veillait sur lui, tenant en main une houlette couverte de fleurs. Tout à coup un ange descend du ciel. Il tient suspendue sur la tête de ce Pasteur si bon une magnifique couronne, et de l'autre main il déploie une oriflamme bleue où étaient gravés ces mots :

Heureux troupeau dans l'allégresse,
Chantez longtemps, chantez encor
De votre Pasteur la tendresse
Les vertus et les noces d'Or.

En même temps, un groupe d'anges portant les uns des roses les autres des lis, ceux-ci des violettes, ceux-là des immortelles, chantant les douces paroles qui m'ont réveillée.

Tressons une couronne
Sur son front qui rayonne
Et de gloire et de paix.
Echo du sanctuaire,
Bénis le nom d'un Père,
Chante-le pour jamais.

Le jeudi, dès 4 heures du matin, les joyeuses volées des cloches annonçaient l'arrivée du cinquantième anniversaire de l'ordination au sacerdoce de M. l'abbé Batcave. Aux premières lueurs du jour, tout est déjà en mouvement. Le presbytère, relié à l'église par des guirlandes et des fleurs artistement disposées, présente un aspect charmant; de belles tentures, portant des inscriptions à la louange du vénéré doyen, caressent agréablement le regard.

Dès huit heures, une foule empressée et nombreuse envahissait la vaste enceinte de cette église paroissiale qui est, à elle seule, l'éloge perpétuel et le plus éloquent du zèle industrieux et sacerdotal du bien-aimé pasteur. Elle chante, cette nef transformée, les louanges du ministre du Seigneur; elle chante, cette chaire sacrée, merveilleuse de fraîcheur et d'élégance; ils chantent, ce sanctuaire rajeuni par de récentes décorations, ces gracieux autels du Sacré-Cœur et de Notre-Dame de Lourdes; ils chantent, ces superbes vitraux, l'hymne de la reconnaissance, et tous dans un harmonieux concert redisent aux fidèles ces paroles des livres saints dont le Pasteur n'a cessé de réaliser l'expression : *Zelus domus tuæ comedit me.*

L'heure des divins offices est enfin arrivée. Un nombreux clergé — cinquante prêtres environ — se rendent processionnellement au-devant de M. l'abbé Batcave. A peine le vénéré jubilaire paraît au seuil de la porte du presbytère que l'excellente fanfare de la ville le salue de ses plus joyeuses symphonies, et le cortège se dirige vers le lieu saint.

La messe est célébrée par M. le curé lui-même, assisté de ses neveux et de ses cousins. Dans le sanctuaire, toutes les places sont occupées par le clergé, dont les blancs surplis des prêtres forment avec les rochets et les camails des chanoines, comme une couronne de lis et de roses. Dans les premiers rangs nous remarquons M. l'abbé Menjoulet, vicaire-général; M. l'abbé Souviron, archiprêtre d'Orthez, chanoine honoraire; M. l'abbé Thuilier, aumônier de Ste-Ursule de Pau, chanoine honoraire; M. l'abbé Dupont, directeur de l'Ecole St-Joseph de Nay, chanoine honoraire; M. l'abbé Lacour, supérieur des PP. Lazaristes, de Pouy, prédicateur de la retraite; M. l'abbé Brune, curé-doyen de Coarraze, et plusieurs prêtres vénérables par leur âge et leurs vertus.

Après l'Evangile, M. l'abbé Menjoulet, délégué de Mgr l'Evêque et président de la cérémonie, est monté en chaire. Personne, assurément, ne pouvait mieux interpréter la signification du jubilé sacerdotal du prêtre dont il a salué le premier pas dans la tribu lévitique et qui a toujours été son meilleur ami. Le choix de son texte : *Justus ut palma florebit*, indique déjà sous quel aspect l'éminent historien de l'Eglise dans le Béarn va envisager son sujet. Il nous présentera ce jeune palmier arrosé de bonne heure par les eaux de la grâce, se développant avec une vigueur surprenante, loin des dangers du monde, s'épanouissant en fleurs dont les parfums embaument tout ce qui l'entoure, produisant des fruits suaves qui seront l'orgueil du divin Maître et de ses représentants sur la terre. Mais une analyse ne pourrait que déflorer ce discours ; le texte que nous sommes heureux de publier parlera mieux que tous les commentaires :

Justus ut palma florebit : sicut cedrus Libani multiplicabitur. (Ps. 91. 13.)

« Le juste fleurira comme le palmier, il se multipliera comme le cèdre du Liban. »

Quelle touchante fête nous réunit en ce jour autour des saints autels ! Bien des fois, il est vrai, cette église, si heureusement rajeunie, fut témoin de très-belles solennités, et l'on peut dire, paroissiens de Nay, que, sans avoir le secret exclusif des grandes cérémonies catholiques, vous en avez au moins l'habitude. Mais n'est-il pas vrai aussi qu'à certains égards la fête d'aujourd'hui l'emporte de beaucoup sur toutes les autres ? Il y a peut-être moins de pompe extérieure, mais il y a plus d'élan spontané. Il y a moins d'éclat, mais il y a plus de cœur.

Oui, mes frères, voici vraiment une fête de cœur. C'est le cœur qui vous a conduits autour de votre pasteur vénéré ; c'est le cœur qui lui fait en ce moment un cortége sympathique de lévites, de prêtres, de dignitaires du Diocèse ; c'est le cœur qui a mis en mouvement la population tout entière, sans distinction d'âge et de positions sociales : enfin, permettez-moi de le dire, c'est le cœur, le cœur tout seul qui va vous parler sous l'empire d'une vieille amitié et des plus doux souvenirs.

Vous connaissez l'objet de cette fête. Il s'agit de célébrer le cinquantième anniversaire de l'ordination au sacerdoce du Curé-Doyen de Nay. On pourrait l'appeler un *Jubilé* ; mais l'usage a prévalu, (et il a été consacré naguère par l'exemple du saint pape Pie IX) l'usage a prévalu de donner à ce jour le nom de *Noces d'or*, comme on le fait, pour les époux chrétiens eux-mêmes, lorsqu'ils arrivent ensemble à la cinquantaine de leur union.

Merci, Monsieur le Doyen, ou plutôt, cher ami de plus d'un demi-siècle, merci de m'avoir invité à présider cette fête du cœur, moi qui fus le témoin de vos premiers engagements. Vous m'avez demandé, comme un dernier gage de mon amitié, que ma voix fraternelle, qui est presque une voix d'outre-tombe, vint resserrer les liens qui vous ont attaché, sous mes yeux, à l'Eglise catholique, au clergé de Bayonne et à l'excellente paroisse de Nay.

Eh bien ! frère aimé, je vous obéis. Je vais, dans un cordial épanchement, vous redire et dire à cet auditoire ému, non vos mérites et vos œuvres, — vous n'accepteriez pas un panégyrique — mais les attentions privilégiées de la divine Providence qui vous a mené, comme par la main, jusqu'à ce jour heureux de votre destinée sacerdotale.

Et vous, mes chers auditeurs, prêtres et fidèles, pardonnez-moi d'avance si je vous ramène aux premières années du siècle qui déjà s'enfuit devant vous, si dans mon discours, prenant les couleurs d'une chronique personnelle, je ne puis éviter de me tenir trop souvent en scène, à côté de mon ami ou, pour mieux dire, de nos communs amis d'autrefois. Certes, j'aimerais mieux rester dans l'ombre. Mais comment s'effacer tout-à-fait lorsqu'on se raconte en famille les choses d'un passé dont on est l'un des très-rares survivants ?

J'entre en matière, après avoir répété que mon discours ne sera que l'histoire abrégée des bontés de Dieu à l'égard de mon vieil ami.

I

Frère bien-aimé, vous souvient-il du jour où vous futes admis, en qualité de professeur, au petit séminaire d'Oloron ? Je n'ai pas oublié, pour ma part, la bonne impression que produisit sur les élèves et sur les maîtres ce jeune clerc d'une tenue si correcte, d'une gravité mêlée à tant de douceur, d'une politesse aussi éloignée de l'affectation que de la brusquerie. Digne enfant de cette cité d'Orthez, où les bonnes manières sont traditionnelles, vous aviez eu le bonheur d'avoir longtemps pour guide et pour modèle un gentilhomme de race, ce bon M. *de Laussat* qui gouvernait votre paroisse natale avec une si parfaite distinction. Puis, vous aviez vécu dans le célèbre collège n'Aire, où les *Lalanne*, les *Des-*

tenabe, les *Duplantier* faisaient revivre l'esprit et les habitudes de l'ancien clergé. Les séminaires de Bayonne et de Toulouse vous avaient ensuite imbu, pour ainsi dire, et nourri de la pure sève ecclésiastique. Dieu vous avait ouvert lui-même ces diverses écoles : chacun de nous aimait à reconnaître que, comme dit saint Paul, « la grâce de Dieu n'avait pas été stérile en vous. » *Gracia ejus... vacua non fuit* (1 Cor. 15, 10).

Reconnaissez à votre tour qu'en vous envoyant à Oloron, la Providence mettait le comble à ses délicates attentions en faveur de votre jeunesse cléricale. Car ce nouveau milieu devait être pour vous comme un foyer de bénédictions divines, de plus en plus fructueuses. Quand vous y arrivâtes, il s'était à peine écoulé deux années depuis l'ouverture de l'établissement, et déjà cette maison naissante avait fait d'étonnants progrès, sous tous les rapports. On y sentait la vigoureuse impulsion de son fondateur, l'illustre Mgr d'*Astros*.

Je nommerai d'abord le supérieur, M. l'abbé *Soubielle*. Ne disons rien de sa belle prestance, relevée par une si belle simplicité. Ne rappelons pas l'ascendant qu'il exerçait au dehors par la confiance respectueuse que ses prédications et toute sa conduite avaient inspirée aux pères et mères de famille ainsi qu'aux autorités publiques, au clergé non moins qu'à ses élèves. Comme il savait se faire tout à tous ! Avec quelle facilité il parvenait, sans jamais se laisser abattre, à surmonter les obstacles et à tourner les écueils ! Condisciple de l'abbé *de Salinis*, à St-Sulpice, son collaborateur d'abord et son successeur ensuite dans les *Cours de Persévérance* institués en faveur des jeunes gens de la capitale, il avait rapporté de Paris un merveilleux talent de catéchiste, et je connais encore, de par le monde, des chrétiens dont la foi religieuse s'est toujours soutenue, ils le déclarent, sur la base des enseignements de ce prêtre selon le cœur de Dieu. Cher doyen, est-ce que vous n'avouerez pas vous-même que votre jeune intelligence puisa, dans ses classes de théologie, les principes les plus exacts tant pour le ministère de la parole que pour la direction des âmes ?

A côté de l'abbé Soubielle, mon souvenir retrouve parmi nos maîtres et nos modèles, cet homme simple et bon auquel la vénération des élèves donna le titre de *Père Laug-Pouy* ; et ce brillant professeur de rhétorique, M. *Adoue*, dont il me suffit de dire qu'il voulut vous avoir pour collègue, quand il devint, à son tour, supérieur du Séminaire d'Oloron. Mais j'ai hâte, cher confrère, de vous rappeler un autre nom bien connu à Nay, celui de M. l'abbé *Manaudas*, qui vous a été fidèle jusqu'à son dernier soupir et dont il m'a été donné de chanter, il y a quatre ans, les *noces d'or*, comme je préside aujourd'hui les vôtres.

Il était, à vrai dire, l'apôtre du Petit-Séminaire. Quelle parole vibrante que la sienne! Quelle éloquence chaude et pathétique! Quel entier dévouement pour la sanctification des âmes! Et de quels admirables succès le bon Dieu daigna récompenser son zèle! Nous pouvons l'affirmer : il suscita, parmi les élèves, de nouveaux Berchmans, d'autres Stanislas, de fervents Louis de Gonzague, qui, semblables à l'étincelle dont parle l'Ecriture, promenaient dans les rangs de la communauté la flamme d'une séraphique ardeur : *tanquam scintillæ in arundineto discurrentes*. (Sap. ; 11, 19.)

Mais ce fut surtout envers les jeunes professeurs (ceux qui n'étaient pas encore prêtres) que cette âme ardente exerça la plus efficace influence. Vous étiez de ce nombre, cher confrère, et vous n'avez certainement pas oublié avec quelle charité M. Manaudas nous groupa sous sa direction paternelle, au nombre de cinq ou six. Délicieux souvenirs! ô veillées mystérieuses où s'accomplirent les premiers essais de notre zèle en fleur! Là, dans la cellule du chaleureux apôtre, on pratiquait d'abord la correction fraternelle, en se disant les uns aux autres de bonnes et franches vérités. Puis, quand on avait jeté un coup d'œil rapide sur l'ensemble de la communauté et la tenue générale des élèves, on se partageait les jeunes gens qui paraissaient les moins dociles à la discipline et à la grâce de Dieu. L'un se constituait l'ange gardien de celui-ci, l'autre le mentor discret de celui-là, avec la mission formelle de ne battre jamais en retraite qu'après la conversion totale du sujet confié au zèle de chacun. Dirai-je les fruits de cette conjuration d'un nouveau genre? Non ; mais il est certain qu'il en sortit une génération de prêtres et de laïques qui ont fait honneur en même temps et à la religion et à la société. Il est également incontestable, cher et vénéré confrère, que ces réunions secrètes vous préparaient admirablement aux œuvres sacerdotales de l'avenir.

Tel est donc le milieu où s'écoulèrent les années de votre printemps ecclésiastique. Tels sont les maîtres que la bonté divine avait miséricordieusement placés sur votre route, pour vous conduire à la prêtrise, par les divers degrés de la sainte hiérarchie.

Je l'ai dit : avant d'entrer au petit séminaire d'Oloron, vous aviez déjà reçu les ordres moindres, des mains de Mgr d'Astros. Le même prélat vous ordonna sous-diacre, en 1828, le jour de l'Ascension, dans la vieille basilique de Ste-Croix d'Oloron, où nous aurons à vous revoir bientôt, jeune prêtre et vicaire.

Mais comment parler de cette ordination sans me souvenir que, petit clerc, j'en faisais également partie ? Oui, j'étais là ; et je crois entendre encore les tendres gémissements de votre ferveur ; je vous vois prosterné, à l'état de victime triomphante, la face contre terre, sur les dalles du temple. Auprès de vous et dans la même attitude, je compte dix-neuf autres victimes qui partageaient avec vous les ineffables douceurs de l'immolation volontaire ! Dans le nombre, mon œil plein de larmes distingue entre tous cet ami qui eut nom : Eugène *Ségalas*, le plus aimable de nos collègues, le plus méritant, sans contredit, de ces conjurés apostoliques dont je parlais tout-à-l'heure. On l'a nommé le François de Sales du pays basque : Ah ! pourquoi n'occupe-t-il pas ma place en ce moment ? C'est à sa parole de feu qu'il appartiendrait de nous dire la marche et les progrès de votre formation sacerdotale. Hélas ! la mort nous l'a ravi, encore à la fleur de l'âge, mais pourtant chargé de mérites, et même de gloire, dans les fatigues et les succès d'un enseignement public éminemment chrétien. Vous le pleurez avec moi, ô notre bien-aimé frère des anciens jours ! Oui, pleurez-le ; mais estimez-vous heureux d'avoir aujourd'hui pour collaborateurs dévoués ces trois frères qui furent ses disciples de prédilection et qui apprirent de lui à se sacrifier sans relâche pour la plus grande gloire de Dieu.

Ce fut aussi en compagnie de l'abbé Ségalas et des mains de l'intrépide captif de Vincennes que vous reçutes, avec le diaconat, cet esprit de force qui devait vous soutenir, dans les luttes futures, contre le démon et ses attaques : *Accipe spiritum sanctum ac robur ad resistendum diabolo et tentationibus ejus.* (Pontif.)

Il ne vous restait plus qu'un degré à franchir ; une année encore, et votre vocation allait atteindre, avec l'âge requis, l'heure de son dernier épanouissement, sur le même sol béni qui était, depuis trois ou quatre ans, le « jardin clos » de nos jeunes âmes, « le paradis » de nos pures délices. De mieux en mieux cultivés par des mains aussi tendres qu'habiles, vous nous apparaissiez, l'abbé Ségalas et vous, comme ces jeunes arbres dont parle le Prophète, « plantés dans la maison de Dieu » c'est-à-dire au sein même de l'Eglise et « fleurissant dans les parois sacrées du Seigneur » sous les rayons et la rosée du Ciel : *plantati in domo Domini, in attriis domus Dei nostri florebunt.* Croissez, croissez encore, disaient vos pères, vos élèves et vos meilleurs amis, croissez toujours, verdoyants palmiers de la solitude ; l'heure approche où l'huile sainte fera de vous deux cèdres majestueux, aux fortes racines, étalant au loin leur superbe branchage : *Justus ut palma florebit; sicut cedrus Libani multiplicabitur.*

Enfin l'heure sonna, cher et vénéré frère ; l'onction sacerdotale consacra vos mains. Vous deveniez prêtre le 22 novembre de l'an de grâce 1829, et nous célébrons aujourd'hui le cinquantième anniversaire de votre ordination.

II

Ici, mes frères, doit se terminer mon colloque, trop long peut-être, avec mon vieil ami. Il lui a rappelé, en votre présence, les lointains préparatifs et les circonstances providentielles de ses *premières noces*, à l'Ordination. C'est avec vous que je veux maintenant m'occuper de ses *noces d'or*. Vous avez vu le jeune lévite fleurir comme le palmier du désert : *Justus ut palma florebit ;* voyons le prêtre, semblable au cèdre de la montagne, se développer et s'étendre au dehors : *cicut cedrus Libani multiplicabitur.* En d'autres termes, vous avez vu la main de Dieu dans la formation du prêtre; voyez maintenant l'œuvre du prêtre s'accomplir sous le regard de Dieu, dans l'exercice du saint ministère.

Malgré son goût et ses aptitudes pour la vie de communauté, M. *Batcave* était déjà destiné aux délicats et pénibles labeurs de la vie paroissiale. Son entrée dans cette nouvelle carrière coïncida, mes frères, avant la translation à l'archevêché de Toulouse, du grand prélat qui l'avait introduit dans les rangs de la sainte milice. Mais pas plus que la révolution politique qui éclatait à la même époque, les vicissitudes hiérarchiques du diocèse ne devaient compromettre en rien l'avenir de notre jeune prêtre. Il se tenait pour assuré que la Providence, toujours si bonne à son égard, ne manquerait pas de donner au clergé de Bayonne des chefs éclairés et vaillants, des pontifes dignes en tout d'être appelés les voyants et les docteurs d'Israël.

Ce fut Mgr d'Astros qui nomma M. Batcave vicaire de Ste-Marie d'Oloron, en juillet 1830. Un an après, Mgr *d'Arbou* le transférait au vicariat de Ste-Croix. Ses premiers maîtres, au début de la vie paroissiale, étaient deux anciens confesseurs de la foi, M. *Lafargue-Projan* à Ste-Croix, M. *Fourcade* à Ste-Marie. Ce dernier se distinguait par la sûreté de son jugement, l'extrême régularité de sa vie pastorale et son zèle pour la beauté de la maison de Dieu. Professeur de philosophie, avant la révolution, il avait été plus tard supérieur au grand séminaire de Bayonne, à l'époque même où M. Batcave y était élève. Toutefois, son mérite n'égalait point celui de M. Lafargue, archiprêtre-curé de Ste-Croix, homme d'un rare esprit, aussi distingué dans les bonnes et belles-lettres que dans la science théologique. Du reste, chargés d'années et d'infirmités, ils devaient l'un et l'autre abandonner le gros du travail à leurs vicaires, sans cesser néanmoins d'en diriger le zèle. Ah ! quel bonheur, Mes Frères, pour un jeune prêtre, d'avoir rencontré de pareils guides à son entrée dans le plus difficile des ministères ! Je sais que votre curé en remercie le Seigneur ; vous savez s'il en a profité.

L'abbé Batcave avait dépassé la trente-troisième année de sa vie et touchait à la dixième de son sacerdoce. Presque tous ses condisciples se trouvaient déjà pourvus de la charge curiale dans des paroisses plus ou moins importantes. Pour lui, mes frères, Dieu qui vous le réservait dans les conseils de son infinie sagesse, voulut, pour vous le préparer de mieux en mieux, lui faire cueillir encore les fruits de l'expérience dans un poste plus laborieux, mais aussi plus fécond que les précédents : Mgr *Lacroix* le nomma vicaire de St-Martin de Pau en 1838.

A proprement parler, ce n'était pas un simple vicariat, mais bien une sorte de coadjutorerie que le premier pasteur conférait à M. Batcave, qui fut accueilli avec des égards singuliers par M. *Darbélit*, le vénérable archiprêtre-curé de St-Martin. Il s'établit aussitôt une confiance entière entre le saint vieillard et son nouveau coopérateur : on pouvait dire qu'ils ne faisaient, à eux deux, qu' « un cœur et qu'une âme » tant l'affection paternelle d'une part et le respect filial de l'autre étaient sincères, intimes, profonds. Grâce à cette édifiante harmonie, que les fréquentes visites de l'apostolique abbé Manaudas venaient raviver chaque année, l'autorité du pasteur restait prépondérante ; mais la collaboration du vicaire n'en fut que plus active et plus utile à tous. Or, Mes Frères, cela dura dix ans, pendant lesquels la belle paroisse marcha de progrès en progrès vers cette brillante prospérité qui sera l'impérissable honneur de cet autre maître de nos jeunes années, le vénérable *St-Guily*, que le diocèse entoure avec tant d'anxiété sur son lit de souffrances, du respect le plus profond et des vœux les plus ardents.

Je viens de parcourir, une à une, les principales étapes qui ont marqué la carrière ecclésiastique de mon cher confrère et qui le conduisirent providentiellement au doyenné de Nay. Chose remarquable ! les trois curés étaient les contemporains et les intimes amis de celui dont il devait être le successeur. Je parle de M. *Cogombles* qui fut votre Curé durant la première moitié de ce siècle et dont l'éloge se trouve encore, après plus de trente années, sur les lèvres de tous ceux qui ont eu le bonheur de le connaître. A la mort de ce bon pasteur, M. Darbélit vint présider lui-même, mêlant ses larmes et ses prières aux vôtres, les funérailles de son ancien condisciple. Mais avec quelle joie paternelle il revint, quelques mois après, en installer canoniquement le digne successeur, qui n'était autre que son bien-aimé vicaire ! Comme il était heureux de signaler, dans le nouveau doyen, de nombreux traits de ressemblance avec le regretté M. Cogombles ! N'avait-il pas eu sa bonne part dans la nomination de celui qu'il présentait aux paroissiens de Nay ? Ne vous l'avait-il point préparé ?

M. Batcave fut nommé le 24 février 1848. Ce même jour, le trône du roi des Français s'écroulait et une nouvelle révolution bouleversait les fondements politiques du pays, mais heureusement sans toucher, cette fois, aux bases de l'Eglise et aux éternels principes de la Religion catholique. L'immense popularité dont jouissait partout le pape Pie IX abritait en quelque sorte le clergé de France ; peut-être aussi les mesquines attaques du pouvoir déchu contre l'épiscopat avaient-elles servi à ramener la sympathie des masses vers les prêtres. Peu importait d'ailleurs au nouveau Doyen le régime sous lequel il aurait à vivre ; homme de Dieu avant tout, il avait résolu de n'être l'homme d'aucun parti. Trop heureux de pouvoir se consacrer sans réserve au salut des âmes !

Que n'a-t-il pas fait, dans l'exercice des fonctions curiales, pour la sanctification de son cher troupeau ? Paroissiens de Nay, ce n'est pas à moi, c'est à vous qu'il convient de le dire ; car, si vous avez été les premiers à bénéficier du zèle de votre pasteur, vous en êtes aussi les témoins les plus autorisés et nul mieux que vous ne saurait en dérouler l'intéressante histoire.

Parlez donc, enfants et vieillards, pauvres et riches, jeunes filles et mères chrétiennes, parlez et dites-nous ce qui s'est fait depuis trente ans pour le soulagement de toutes les misères, pour l'instruction du premier âge, pour la diffusion du véritable esprit de famille, pour l'apaisement des consciences et la suprême consolation des mourants.

Parlez, sociétés si nombreuses de secours mutuels, dites ce que les ouvriers vous ont dû et vous doivent encore de précieuses ressources dans la maladie et la détresse.

Parlez, pieuses congrégations, confréries de tous genres, tiers-ordre de St-François et de St-Dominique, et chantez avec transport les grâces que Dieu vous prodigue pour vous faire marcher sûrement dans les voies de la piété.

Chantez surtout, petits enfants de la salle d'asile et des grandes écoles, pour qui la sollicitude pastorale s'est imposé tant de sacrifices et a su provoquer de si nobles dévouements. Oui, enfants, louez le Seigneur : *Laudate, pueri, Dominum*, et n'oubliez jamais son fidèle ministre.

Et vous, vierges du cloître, vous aussi, religieuses de l'école, Dominicaines et Sœurs de la Croix, pourriez-vous ne pas entonner, en ce beau jour, vos plus mélodieux cantiques de louange, au souvenir du bien que le ciel vous a fait par l'entremise du bon Pasteur dont vous êtes, par excellence, les chères et dociles ouailles ?

Non, je n'entends qu'une voix, ou plutôt qu'un concert de trois mille voix qui, dans un admirable accord des esprits et des cœurs, envoient à tous les échos les hymnes de l'amour et de la reconnaissance. Que dis-je ? si, par impossible, les voix humaines venaient à se taire tout-à-coup, les pierres mêmes du temple, suivant l'énergique expression du Sauveur, ne pousseraient-elles pas, à leur manière, le cri de je ne sais quel céleste enthousiasme ? *Si hi tacuerunt, lapides ipsi clamabunt* (Luc ; 19, 40). O église de Nay ! tu fus, dans la contrée, la première à te rajeunir selon les règles de l'architecture catholique et tu partageas, par ton exemple, le goût ressuscité du moyen-âge, qui a présidé à la construction ou à la restauration de plus de deux cents églises, dans le diocèse. Or, je le dis, charmante église, tu es mieux qu'un monument, tu es comme une trompette qui sonne au loin les bienfaits de Dieu envers la paroisse, dont tu es le centre et, s'il m'est permis de parler de la sorte, le magnifique résumé. Que sera-ce donc, le jour où la municipalité, complétant son œuvre pour la restauration de tes combles, lancera dans les airs le gracieux couronnement de ton antique clocher ?

Je viens enfin à vous, chers et vénérés confrères, qui entourez au pied de l'autel le modeste héros de cette fête. Prêtres natifs de la cité, anciens vicaires de la paroisse, amis et parents de M. Batcave, vous surtout, desservants de ce beau doyenné, ah ! soyez en ce moment les véridiques témoins de l'histoire et dites si, dans son ensemble, la paroisse de Nay n'est pas devenue l'une des meilleures du Béarn, de même que le clergé du canton se montre, aux yeux de tous, comme l'un des plus réguliers et des plus cordialement unis de tout le diocèse.

Mais, il est temps de finir. Cher Doyen, je n'ai plus qu'un dernier mot dans le cœur et ce mot je vous l'apporte des divers points de l'horizon, comme faisant écho aux acclamations si touchantes de votre excellente population. Sachez donc que, de toutes parts, d'innombrables amis, prêtres et laïques, sont présents d'esprit à cette belle fête paroissiale et regrettent de n'avoir pas pu en venir partager avec vous les pures joies; plusieurs m'ont chargé de vous le dire. Des communautés entières vous envoient, par mon organe, l'expression de leurs meilleurs sentiments. D'anciens condisciples ont célébré la sainte Messe à votre intention, et un grand nombre d'âmes reconnaissantes ont communié pour vous à Oloron, à Pau, à Orthez, partout. Je puis vous offrir les félicitations de MM. les Chanoines de la Cathédrale, sincèrement heureux de vous avoir reçu naguère dans leurs rangs. J'ai à vous transmettre aussi une bénédiction spéciale de la part de Monseigneur Lacroix qui n'a pas oublié, tant s'en faut, son cher *élu* de Nay. Mais voici, dans cet hommage universel, un dernier témoignage qui ne vous laissera plus rien à désirer; c'est une lettre du jeune et pieux pontife qui, depuis un an, gouverne le diocèse avec autant d'amour que de prudence. J'en suis sûr : la lecture d'une si affectueuse missive embaumera votre âme sacerdotale et la fortifiera pour de nouveaux labeurs.

Loin de moi la pensée d'ajouter à ce langage d'évêque autre chose que la formule liturgique si chère au grand saint Augustin : *Deo gratias !*... Oui, bien-aimé frère, Dieu soit béni des inénarrables faveurs qu'il vous a prodiguées! *Deo gratias! Deo gratias!*... Et maintenant laissez-moi me rendre de la chaire à l'autel, où, près de l'auguste victime, vous me donnerez l'accolade fraternelle qui sera, je l'espère, le présage sacré de notre éternelle union dans le Ciel. Amen.

Pendant près de trois quarts d'heure, M. l'abbé Menjoulet a captivé l'attention de son immense auditoire. On était si heureux de voir esquisser dans un cadre habilement tracé les diverses phases de ces cinquante années de sacerdoce! Mais l'émotion a été à son comble lorsque le délégué épiscopal a lu la lettre suivante, adressée par Mgr *Ducellier* au vénéré doyen :

ÉVÊCHÉ

DE

BAYONNE.

—

Bayonne, le 26 novembre 1879.

Très cher et très vénéré Monsieur le Doyen,

M. le Vicaire-Général ne manquera pas de vous exprimer, avec mes félicitations et mes vœux, la part que je prends à cette fête de vos noces d'or, si chère à vos amis et à votre peuple.

Mais je tiens à vous dire moi-même que demain, au saint autel surtout, je serai de cœur avec vous et avec tous ceux qui doivent vous faire une si belle couronne de sympathies et de prières pour remercier Notre Seigneur de toutes les faveurs dont il s'est plu à combler votre vie sacerdotale si longue et si bien remplie, si féconde et si justement honorée.

S'il est vrai que la vie d'un saint Prêtre est une bénédiction pour ceux au profit desquels il l'a dépensée, à qui mieux qu'à l'Evèque convient-il d'en remercier et d'en glorifier Notre Seigneur, le souverain Prêtre?

Soyez heureux, cher et vénéré Monsieur le Doyen, de ces témoimoignages de respect, d'affection et de reconnaissance, dont tous entoureront, demain, votre sacerdoce renouvelé; et continuez de travailler longtemps encore au salut de ce peuple qui vous vénère et qui vous aime.

Votre santé si admirablement conservée autorise cet espoir et ces vœux. Le bon Dieu vous fera la grâce de les réaliser pour la joie de vos amis, la consolation de votre Evèque et l'honneur de notre sainte Religion, que vous servez si bien.

Je me recommande à vos prières, cher et vénéré Monsieur le Doyen, et vous renouvelle la respectueuse et cordiale assurance de mon dévouement bien affectueux en Notre-Seigneur.

† ARTHUR-XAVIER, *Evêque de Bayonne.*

Nous n'aurons pas le mauvais goût de commenter une lettre si admirable, digne de celui qui l'a écrite et de celui qui l'a reçue. Qu'il nous soit seulement permis de dire combien nous avons été profondément remué en apprenant que nos deux vénérés prélats semblaient joindre leurs mains, pour le bénir, sur le front du vénérable prêtre, placé, pour ainsi dire, comme un radieux trait d'union aux limites opposées de leur existence épiscopale. Les images les plus gracieuses se présentaient à notre imagination et nous rêvions d'Elie et d'Elisée, de l'Ancien et du Nouveau Testament harmonieusement réunis, dans cette fête du ciel sur la terre.

Des flots d'harmonie n'ont pas cessé de dire à la nombreuse assistance les divines allégresses de cette belle solennité. Sans compter les voix superbes des chantres, les ravissantes symphonies de l'orchestre, composé de trois artistes du Casino de Pau, premiers prix du Conservatoire, MM. *Janssen*, *Hoerndorff* et Mlle *Janssen*, les chanteuses, sous l'habile direction de Mlle Piet-de-Berton, ont exécuté, avec talent et piété, des chants composés pour la circonstance par un prêtre distingué dont les talents artistiques ne font que rehausser les aimables qualités. M. l'abbé Guichemans, curé de St-Médard, voudra bien nous pardonner si nous trahissons le secret qu'il aurait voulu nous imposer. Voici les paroles de cette cantate :

I.

O mystère qui nous étonne !
Quel est ce ministre à l'autel ?
Est-ce le ciel qui nous le donne,
La terre le rend-elle au ciel ?
Sous une mystique couronne,
Heureux et pur son front rayonne :
Et pour lui l'autel est un trône
D'où sa voix parle à l'Eternel.

Refrain.

Echos du sanctuaire,
Echos délicieux,
Portez notre prière
Et nos chants vers les cieux.
A votre élu fidèle,
Gardez, ô bon Jésus,
La couronne immortelle
Promise à vos élus.

II.

Grand Dieu ! que la nature est belle
Dans son immense majesté !
Quel œil ravi n'admire en elle
L'éclat de ta divinité ?

Mais chaque instant nous le rappelle,
Sa fin n'est pas d'être immortelle.
Toi, prêtre de la loi nouvelle.
Tu l'es pour une éternité.

III.

Jadis sur la Croix du Calvaire,
Victime auguste, Agneau divin.
Jésus s'offrait à Dieu son père,
Pour le salut du genre humain.
Dès longtemps par ton ministère,
Hostie à jamais salutaire,
Ce doux sauveur à ta prière
Veut s'immoler chaque matin.

IV.

Dans la solitaire vallée
Le lys conserve sa blancheur.
De sa corolle immaculée
Le ciel admire la fraîcheur.
Fleur de Sion, fleur embaumée,
Dès l'aurore au monde fermée,
Tu fus de la grâce animée
Et de Jésus la bonne odeur.

V.

J'aime à te voir de l'Evangile
Tenant en main le vrai drapeau ;
Fier dans l'arène difficile,
Et doux au sein de ton troupeau.
Tu sais, non moins ferme qu'habile,
Du front de l'erreur indocile,
Arracher le masque inutile,
Et de ses yeux le noir bandeau.

VI.

Prodigue tes soins à l'enfance.
Tes conseils à l'adolescent;
Au vieillard donne l'espérance.
Et la paix à l'agonisant;
Sois le soutien de l'innocence,
En attendant la récompense ;
Garde au pauvre, dans la souffrance.
Un cœur toujours compatissant.

VII.

Sur ses fleurs que l'aube féconde,
Le jardinier, le front penché,
Relève, rafraîchit, émonde
Le pied que l'orage a touché.
Ainsi du ciel tu verses l'onde
Sur la plaie affreuse et profonde
Qui fait du cœur un cœur immonde
Au contact impur du péché.

VIII.

Le siècle s'écoule et s'abîme
Sous les flots de l'impiété ;
Pour l'arracher au noir abîme,
Où follement il s'est jeté,
Prie et combats ; sois magnanime.
La lutte est grande ; elle est sublime ;
S'y dérober !!... serait un crime !!!...
La soutenir !!... c'est charité.

IX.

Pas de couronne sans victoire,
Pas de victoire sans combats ;
Pour une palme méritoire,
Il faut lutter jusqu'au trépas.
La foi nous apprend à le croire,
Mourir pour Dieu, voilà la gloire ;
Seule éternelle est la mémoire
Que le juste laisse ici-bas.

X.

La harpe du grand Roi-Prophète
Qui charmait les sacrés parvis,
Depuis des siècles est muette ;
Et cependant comme jadis,
Le temple de Sion répète
Des hymnes d'amour et de fête,
Qu'à la gloire d'un vieil athlète
Chante en chœur un peuple d'amis.

Immédiatement après la messe, le vénéré jubilaire monte en chaire en habit de chœur, portant une étole superbe — don précieux d'une nièce dévouée, pour épancher le trop plein de son cœur et remercier les fidèles et le clergé de cette démonstration en son honneur. L'émotion et l'allégresse donnaient à ses traits une expression empreinte à la fois de tendresse et de majesté. Ce n'est pas une plume mais un pinceau qu'il faudrait pour reproduire fidèlement le magnifique et touchant tableau qu'offrait en ce moment l'enceinte sacrée où le pasteur disait à ses chères ouailles sa reconnaissance et son bonheur. Encore ici laissons la parole à M. le curé-doyen de Nay, qui s'est exprimé en ces termes :

Réponse de M. le Curé.

MONSIEUR LE VICAIRE-GÉNÉRAL,

En répondant à votre allocution dictée par l'éloquence du cœur et beaucoup trop flatteuse pour moi, je ne saurais exprimer les émotions diverses qui se pressent, en ce moment, dans mon âme.

Il y a cinquante ans, le 22 novembre 1839, agenouillé au pied des saints autels, je reçus, par l'imposition des mains de Mgr d'Astros, d'illustre et douce mémoire, le caractère ineffaçable du sacerdoce. Mon ange gardien, saluant en moi cette auguste dignité, put me dire : Tu es prêtre pour l'éternité ; *Tu es sacerdos in æternum.*

Cinquante ans de sacerdoce ! Ah ! je sens que ces années imposent à mon âme l'impérieux devoir de rendre d'immortelles actions de grâces au Dieu d'amour, et en même temps de demander un immense pardon au Dieu de miséricorde.

Vous tous, prêtres et fidèles, vous êtes venus, en ce jour mémorable de ma vie sacerdotale, aider ma faiblesse à remplir ce double devoir.

Merci, très-honoré et tout aimable Grand-Vicaire. C'est à deux titres, bien précieux pour moi, que vous avez voulu présider cette fête de famille.

Vous avez été délégué par le premier Pasteur du diocèse, dont le zèle infatigable et les hautes vertus font l'admiration et le bonheur de tous. La lettre de Sa Grandeur que vous avez lue me dispense de vous dire sa bonté paternelle dont elle est une si touchante expression, Les éloges qu'elle renferme me condamnent au silence, et ce silence dira mieux que mes paroles ma très-respectueuse et très-fidèle reconnaissance. Je dois payer le même tribut de gratitude à mon ancien Evêque, Mgr Lacroix, qui vous a dit : apportez ma bénédiction au bon doyen de Nay. O sainte bénédiction d'un vénérable prélat plus qu'octogénaire, je te reçois avec des tressaillements de joie et de bonheur !

Vous êtes venu aussi, parce que vous avez voulu donner à un vieil ami un nouveau témoignage de cette affectueuse bienveillance, qui sera l'honneur de ma vie.

Chers et vénérés confrères, qui êtes venus en un si grand nombre et avec un si cordial empressement, combien je vous remercie d'avoir ainsi voulu donner à cette fête le caractère sacerdotal qui lui convient si bien !

Autour de l'autel de Dieu qui fit la joie de ma jeunesse et qui l'a renouvelée en ce jour, vos cœurs n'étaient-ils pas ces encensoirs d'or dans lesquels sont offertes les prières des saints, prières ardentes qui montent jusqu'au trône de Dieu, comme un encens d'agréable odeur ?

En échange de vos prières pour un père et un ami, je demande au Seigneur qu'il exauce le vœu que je forme pour vous en ce jour béni : Puissiez-vous, tous, célébrer vos noces d'or !

Cher et Révérend Père, vos instructions si pratiques, en ces jours de retraite et de recueillement, nous ont apporté le souvenir du grand St-Vincent de Paul, qui est un de nos saints particulièrement vénérés, et qui est si bien appelé le tendre père des ecclésiastiques ; *Ecclesiasticorum pater piissime.* Vous êtes son enfant privilégié, chargé de la garde de son Berceau. En mon nom, au nom de la Congrégation et de toute la paroisse, je vous dis merci, digne émule de ce grand bienfaiteur de l'humanité.

Et vous, dont les sentiments délicats ont encore dépassé la générosité, dames chrétiennes de Nay, vous avez voulu vous charger avec ma famille du soin de former la corbeille des noces d'or de celui que vous appelez votre père. Votre place était bien celle qui convient aux membres les plus chers et les plus proches de la famille. Aussi, en priant pour vous au saint autel, je priais pour ma famille, pour mes enfants.

Vous n'êtes pas oubliées, âmes chrétiennes et généreuses, dont il ne m'est pas permis de révéler les noms et qui avez voulu que la main gauche ignoràt ce qu'a fait la main droite. Je n'avais pas d'ailleurs besoin de dire vos noms à Dieu. Il les sait bien, et il les a inscrits à son livre de vie.

Merci, à vous, mon ancien vicaire et toujours mon ami, qui m'avez offert, comme un gracieux bouquet, cette belle cantate que vous m'avez dédiée. Vous avez su y réunir le talent du poëte aux inspirations du musicien. Votre pensée devait être traduite par des voix plus harmonieuses que jamais : car, c'étaient moins les voix que les cœurs qui faisaient entendre leurs accents.

Vous êtes pour moi le symbole de l'harmonie de tous les cœurs en ce jour, membres de la Société philharmonique de cette cité, qui avez pris l'initiative de cette partie si brillante de la fête, et qui vous êtes si bien souvenus du premier mot de votre belle devise : *Foi et Patrie*. Les sons si purs de vos instruments disaient à tous que les fêtes de la *Foi* sont les plus suaves au cœur, celles qui font vibrer dans les âmes les meilleures émotions. En parlant de douces émotions, comment ne pas vous dire celles que devaient me faire épouver ces artistes éminents, interprètes des chefs-d'œuvres des grands maîtres ? Oh ! que vos accents étaient bien ceux qui convenaient à ce jour ! Les paroles de Jésus, pendant son sanglant sacrifice, venaient me trouver sur le Calvaire mystique de l'autel où j'immolais la sainte victime, en ce jour anniversaire de mon sacerdoce. Saintes émotions, délicieuses larmes, vous étiez ma meilleure prière pour ceux qui les faisaient couler !

Je ne vous oublierai pas, chers Enfants, vous qui êtes portés encore dans les bras de vos mères : et vous jeunes Enfants, qui commencez à voir et à comprendre, et pour qui cette fête restera gravée dans vos cœurs, comme un premier souvenir ineffaçable ; et vous, enfants des Ecoles, enfants de toutes les conditions, vous êtes les premiers invités à toutes les fêtes. Jésus vous trouva les premiers à sa rencontre, à son entrée triomphante à Jérusalem. Ah ! j'ai besoin, à l'exemple du divin maître, de vous rapprocher plus près de mon cœur et de vous bénir, en demandant à Dieu qu'il vous conserve toujours dignes de vos anges qui voient la face de Dieu dans le ciel.

En parlant des anges du ciel, et des anges de la terre par le privilège de leur innocence, ma pensée se transporte vers ces anges de la terre par la vertu, qui se sont éloignés du monde pour s'unir plus intimement à Dieu, et qui, placés entre le ciel et la terre, sont comme ces heureuses influences qui détournent la foudre et dissipent les orages.

Saintes et glorieuses Filles de St-Dominique qui, depuis deux siècles, exercez sur cette chère paroisse la puissance pour le bien que donnent l'exemple du sacrifice et la prière continue : ah ! sur la montagne qui pour vous est devenue la sainte montagne, la montagne de Sion, tenez vos mains levées pour continuer d'attirer sur cette paroisse que vous aimez les plus abondantes bénédictions du Ciel.

Jeunesse chrétienne, pères et mères, anciens de la Paroisse, vous tous qui êtes mon troupeau, ma famille, ma plus douce consolation : vous au milieu desquels se sont écoulées les meilleures années de ma vie, je sens mon cœur se dilater : je sens que la charité de Jésus-Christ me presse, en ce jour, d'un plus grand amour pour vous.

Ah ! si je me plais à énumérer toutes les splendeurs, toutes les joies de cette Fête, c'est pour les partager avec vous, comme un père partage avec ses enfants. *Gloria filiorum, pater eorum.* Oui, tous ces honneurs rendus au Père sont la gloire des enfants. Mais j'ai hâte d'ajouter à ces paroles, celles qui doivent les compléter et qui ont été si bien commentées par le digne et affectueux enfant de St-Vincent-de-Paul : *Corona senum, filii filiorum.* Les enfants et les petits-enfants forment la plus belle couronne au front de leur vieux père : et il ne saurait y en avoir de plus brillante que celle que vous formez en ce jour, mes bien-aimés paroissiens, pour le front de votre pasteur qui est aussi votre père.

Ah ! c'est bien dans la joie de mon âme et dans le transport de mon cœur que je renouvelle mes promesses au Seigneur après un demi-siècle de Sacerdoce. *Vota mea Domino reddam.*

Dieu des vertus, dirai-je encore avec le Prophète royal, regardez, du haut du ciel, avec des yeux de miséricorde, cette vigne chérie, confiée à mon labeur, et que l'esprit mauvais, le sanglier de la forêt, ne la dévaste jamais : qu'elle ne produise que des fruits d'immortalité.

Et vous, ô Vierge immaculée, vous le savez, j'ai placé sous vos auspices ma houlette pastorale et mon troupeau chéri. O la plus aimante, la plus aimable, et la plus aimée des mères, épanchez sur nous les riches trésors des grâces dont vous êtes la dépositaire. Faites que nous puissions tous, clergé, pasteur et fidèles, lorsque le souverain Pasteur apparaîtra, recevoir de ses mains, selon la parole de St-Pierre, l'immortelle couronne de gloire. Ainsi soit-il.

A l'issue de la cérémonie, le clergé a reconduit le digne pasteur au presbytère et lui a donné l'accolade traditionnelle. De fraternelles agapes ont ensuite réuni tous les prêtres présents à la solennité. Là encore, l'affection et la reconnaissance se sont donné libre cours pour célébrer le pasteur jubilaire. Sans parler des télégrammes et des lettres de félicitations arrivés en grand nombre, même des villes étrangères au diocèse, M. l'abbé Cambuston, au nom de tous les anciens vicaires de Nay, M. l'abbé Louge, au nom des prêtres originaires de cette ville, M. l'abbé Salles, au nom de tous les prêtres du doyenné, ont adressé leurs vœux et leurs félicitations à M. l'abbé Batcave.

M. l'abbé Salles s'est exprimé en ces termes :

M. le Vicaire-Général,

Je suis pris au dépourvu : je ne pensais pas que l'occasion de prendre la parole me fût offerte. Mais puisque vous jugez convenable que les prêtres du canton expriment, en ce jour, au héros de la fête leurs sentiments de sympathique et respectueuse confraternité, et que tous me désignent pour en être l'écho, je m'exécute.

Monsieur et vénéré Doyen,

La carrière sacerdotale que vous avez fournie est déjà longue. voilà un demi-siècle que vous avez reçu l'onction sainte qui vous a marqué ministre de Jésus-Christ et de l'Eglise. Cinquante années de ministère sacré ont donc déposé sur votre front une couronne d'honneur : *Corona dignitatis senectus.* C'est pourquoi nous sommes accourus nombreux nous ranger autour de vous, en ce jubilé de votre ordination. Les prêtres du doyenné ne pouvaient rester étrangers à cette manifestation fraternelle et religieuse : Aussi aucun ne manque.

Monsieur le Doyen, si, durant votre long ministère, la divine bonté vous a ménagé des jours tranquilles et paisibles, vous avez eu aussi des jours agités et troublés — pour preuve, sans nous arrêter à l'heure présente, il suffit de rappeler les commotions qui suivirent de près votre entrée au sacerdoce et coïncidèrent avec votre nomination à la cure de Nay. — D'ailleurs la vie du prêtre ne saurait être exempte de combats et de fatigues, car le prêtre est au service de l'Eglise militante. Donc les labeurs et les sollicitudes anxieuses ne vous ont pas manqué. Or, après tant de luttes, il semble qu'un peu de repos fût permis. Mais les soldats du Christ ne se reposent que dans la tombe. Elevé et formé à l'école des saints, au lieu de désirer le repos, et quels que soient les nouveaux combats qui attendent notre Mère l'Eglise, vous dites aujourd'hui, à l'exemple du grand thaumaturge des Gaules : « O mon Dieu, si je suis encore utile à ma paroisse bien-aimée, je ne refuse pas le travail, je ne recule pas devant la fatigue. »

Eh bien ! cher et vénéré Doyen, nous qui sommes en communauté d'idées avec vous, qui partageons pleinement votre sentiment, après avoir fait monter vers Dieu l'encens de notre reconnaissance, de ce qu'il a voulu prolonger votre vie de prêtre au-delà du terme ordinaire, nous demandons de tout notre cœur à ce Dieu bon de vouloir multiplier encore vos jours pour sa gloire et pour le bien des âmes, de vous laisser longtemps encore au troupeau qui vous est confié, de vous laisser longtemps encore aux prêtres du canton qui sont heureux et fiers de vous voir à leur tête.

Oui, cher et vénéré Doyen, vivez, vivez longtemps encore pour glorifier Dieu et sauver les âmes ; vivez longtemps encore pour être notre modèle et notre guide ; vivez *ad multos annos,* c'est le vœu ardent et sincère de vos confrères du Doyenné, c'est le vœu d'un de vos plus anciens et meilleurs amis. *Ad multos annos* ici-bas, en attendant les années éternelles dans le sein de Dieu !

Mais le *great attraction* a été dans les magnifiques strophes dues à la plume inspirée de M. le curé de St-Médard. Voici cette belle poésie :

Dieu fait bien ce qu'il fait ; bonté toujours féconde,
Il épanche à grands flots ses trésors dans le monde ;
Partout sa grâce abonde ;
Cieux et terre, parlez !

Oh ! dites-nous comment la sagesse divine
Garde aux champs leurs moissons, aux prés l'onde argentine,
Le buisson d'aubépine
Aux nids démantelés !

O mortels ! du Seigneur admirez la clémence.
Si dans son cœur le juste obtient la préférence,
N'est-il pas l'espérance
Et l'ami du pécheur ?
Et tandis qu'aux élus il se donne lui-même,
Dans le Ciel, ici-bas, pour le peuple qu'il aime,
O charité suprême !
Il fait le bon Pasteur.

Jésus en est le type, et sa vivante image,
La voici devant nous. Ecoutez ; c'est le Sage
Qui l'a dit : « Le visage
Est le miroir du cœur ».
O bonté de Jésus, quand je te vois reluire
Sur le front du pasteur, qui daigne me sourire,
Je ne puis ne pas dire :
Voici le bon Pasteur.

Un sourire du Ciel accueillit sa naissance ;
Et l'amour maternel, dans sa reconnaissance,
Offrit à Dieu d'avance
Ce nouveau Samuel.
Sur cet enfant béni, veille, ô pieuse mère,
Et toi, son protecteur, bon Ange tutélaire,
Longtemps garde à la terre
Cet envoyé du Ciel.

Il grandit ; et déjà, l'on s'en souvient encore,
D'un éclat radieux à sa première aurore,
Astre qui vient d'éclore,
On le vit resplendir.
Et tous, à la vertu rendant un juste hommage,
S'écriaient : Tant d'éclat au printemps de son âge,
N'est-ce pas le présage
D'un brillant avenir ?

Que j'aime à contempler le modeste lévite,
A lui-même, au plaisir, au monde qui l'invite,
Sans que son âme hésite,
Renonçant de grand cœur,
Et disant au Seigneur : A vous seul je m'engage ;
Vous seul, et pour toujours, vous serez mon partage,
Mon bien, mon héritage,
Mon éternel bonheur.

Ce serment solennel, aussi pur que sincère,
Le lévite, à genoux, dans votre sanctuaire,
Ô bonne Vierge Mère,
Vint un jour vous l'offrir.
Et vous lui dites : Va, dans la sainte milice,
Sans crainte enrôle-toi. Combats sous mon auspice,
Je te serai propice
Jusqu'au dernier soupir.

Voyez-le, ce disciple ardent de l'évangile,
Sourd à la voix du monde, à la grâce docile,
Dans un pieux asile,
Au pied des saints autels,
Au silence, au labeur, aux lois de la sagesse,
Aux plus hautes vertus, vouant avec ivresse,
Sa ferveur, sa jeunesse.
Quel spectacle! ô mortels!

Objet de tant de vœux, aurore bien-aimée,
Des parfums de la terre et du ciel embaumée,
Ravissante journée!
Venez, ne tardez plus.
Pontife, viens aussi; parais au nom du Maître,
Viens consacrer son clerc, fais-en son digne prêtre,
Il mérite de l'être;
Il en a les vertus.

Que je baise tes mains ruisselantes du chrême,
Nouvel apôtre, au cœur plein d'une ardeur extrême;
Laisse-moi baiser même
La trace de tes pieds.
O pieds bénis! C'est vous que la souffrance amère
Appellera bientôt au chevet solitaire
De ceux qui sur la terre
Sont les plus oubliés.

Sous un ciel plein d'azur, aux pieds des Pyrénées,
Par des gaves divers également baignées,
Trois cités fortunées,
Vrais joyaux du Béarn,
Et l'antique Oloron, de son passé si fière,
Et Pau, royale ville, et Nay, belle ouvrière,
Chacune à sa manière
Attire le regard.

Sur ce triple théâtre où le Seigneur l'appelle,
Par de brillants succès l'Apôtre se révèle;
Tout cédant à son zèle
Que ne rebute rien,
Il prodigue partout, sans bornes, sans mesure,
Les trésors abondants de sa riche nature;
Partout l'écho murmure :
Oh! quel homme de bien!

Non, ce n'est pas à toi, Nay, que furent données
De son apostolat les premières années.
A tes deux sœurs aînées
Le Ciel en fit présent.

Mais de cette faveur, oh ! serais-tu jalouse ?
Depuis plus de trente ans, n'es-tu pas son épouse?
Sous le frac ou la blouse,
Ton peuple est son enfant.

Lorsque après son midi, poursuivant sa carrière,
L'astre du jour debout sur son char de lumière,
De sa majesté fière,
Charme l'œil ébloui,
On dirait qu'il s'attarde en sa marche féconde,
Pour verser tous ses feux sur le globe du monde,
Avant qu'au sein de l'onde
Il tombe évanoui.

Reste encore avec nous, vieillard plein de jeunesse ;
Ton front n'a pas de ride, et ta haute sagesse,
Et ta vive tendresse,
Sont pour nous un trésor.
Et puis, ne vois-tu pas autour de ta houlette,
En cette heure d'amour et de chants toute faite,
Ta famille qui fête
Tes belles noces d'or !

Ces vœux et ces concerts qu'au beau ciel elle envoie,
C'est son cœur attendri qui déborde de joie.
L'entrain qu'elle déploie
Me transporte et me dit :
Oui, mon bonheur est vrai ; ma joie est bien sincère ;
Il est si doux au cœur d'une famille chère,
De fêter un bon Père
Qu'on aime et qu'on bénit !

Du haut du ciel, ô Dieu que ma prière implore,
Daigne agréer les vœux d'un peuple qui t'adore.
Longtemps, longtemps encore,
A des enfants heureux
Conserve un si bon père. Eh quoi ! ta gloire est-elle
Etrangère à son cœur ? T'a-t-il, prêtre infidèle,
Ravi quelque parcelle
De ses jours si nombreux ?

Non, j'en prends à témoin ces œuvres merveilleuses
Qui germent sous ses pas, dans ses mains généreuses ;
D'abord fleurs radieuses,
Bientôt fruits précieux.
Et pourtant, et toujours, fruits de grâce et de vie,
Dans l'exil d'ici-bas, semés pour la patrie
Qu'une espérance amie
Lui montre dans les Cieux.

C'est là, bon Père, objet de mes humbles louanges ;
C'est là que tes enfants, réunis aux phalanges
Des élus et des Anges,
Un jour te chanteront.
Partageant leur bonheur, oh ! puissé-je, moi-même,
Contempler avec eux la palme au triple emblême,
Et le beau diadème
Qui parera ton front !

C'est là qu'un jour, au sein des fêtes éternelles,
Je voudrais emprunter, aux hymnes immortelles,
Des chants moins infidèles
Et plus dignes de toi.
Cependant j'ai permis à ma muse imprudente
De payer son tribut à la fête présente ;
L'idée est excellente,
Mais c'est tout, selon moi.

A M. l'abbé Menjoulet, président

Trop heureux néanmoins, si mon œuvre imparfaite
Avait le don de plaire au héros de la fête ;
Ma muse satisfaite,
Et sans plus de retard
Oserait vous prier d'en agréer l'hommage,
O vous, d'un grand clergé l'éminent personnage,
Vous si docte et si sage,
Vous l'honneur du Béarn.

Ces vers, lus avec autant d'art que d'entrain, sont maintes fois soulignés par des applaudissements chaleureux et bien mérités.

A son tour, le digne Président prit la parole pour caractériser en quelques mots la portée de ce cinquantième anniversaire. Avec l'autorité qui le distingue, il adressa de gracieux compliments au vénéré jubilaire : « C'est la première fois, dit-il, que M. l'abbé Batcave fait parler de lui. Faire du bien dans le silence et sans ostentation, a été toujours sa règle de conduite, selon l'heureuse expression de l'illustre Pontife de l'Eglise de Paris, Mgr Affre : « Le bien ne fait pas du bruit et le bruit ne fait pas du bien. »

A 3 heures, un salut solennel réunissait de nouveau le clergé et les fidèles dans le temple saint. De nouveaux morceaux du musique furent exécutés et la cérémonie se termina par la bénédiction papale donnée par le R. P. Lacour, prédicateur de la retraite, qui a été couronnée, disons-le en passant, d'un plein succès.

Ne terminons pas sans rappeler que les pauvres ont eu à se féliciter des *noces d'or* de celui qui est parmi eux le digne représentant du Dieu de charité. Une abondante ration de pain fut distribuée aux plus nécessiteux. Déjà, à la messe, une quête fructueuse avait été faite par M. l'archiprêtre d'Orthez et le R. P. Lacour, au profit de l'hospice des vieillards fondé à Nay par MM. les abbés Dupont dont les généreux sacrifices et l'industrieuse activité ne sont égalés que par leur aimable modestie. Deux cents francs furent également consacrés à l'achat de vêtements pour les enfants pauvres des écoles.

Telle a été, dans ses principales lignes, cette fête si bien appelée par M. Menjoulet : *la fête du cœur*. Nous n'oublierons pas de sitôt cette journée mémorable, où tant de tableaux nous ont profondément ému. La *Semaine Religieuse* a été heureuse de saluer d'avance cette belle solennité ; avec non moins de bonheur, elle adresse aujourd'hui au vénéré doyen ses vives félicitations. Nous n'en doutons pas, trop de vœux ont été adressés au ciel pour que le sympathique et zélé Pasteur ne soit pas longtemps conservé à l'affection de ses chers paroissiens et de ses nombreux amis. « Vous venez de célébrer mes funérailles, » disait, après la cérémonie, le vénéré jubilaire, à M. Menjoulet ; en dépit de ces paroles, nous osons affirmer que cette solennité a été pour M. le Curé de Nay une véritable fête de Pâques, d'où il est sorti comme retrempé dans une nouvelle source de vie et de vigueur. P. P.

(Extrait de la *Semaine Religieuse des Pyrénées et des Landes.*)

Monastère du St-Rosaire de Mauléon-Soule,

26 Novembre 1879.

HOMMAGE DE FIDÈLE RECONNAISSANCE (1)

A mon vénéré Père et Pasteur

Descends du ciel, bel Ange, mon doux frère,
Quitte un instant le séjour du bonheur ;
Je veux te voir : à l'ombre du mystère,
Daigne écouter le secret de mon cœur.
Là-bas, là-bas, vers ma chère patrie,
N'entends-tu pas ces chants délicieux ?
Ne vois-tu pas cette foule ravie,
Grave et pieuse entourant les saints lieux ?....
C'est son Pasteur, c'est un bien-aimé Père
Qu'elle bénit, en ce jour de bonheur.
Moi son enfant, je voudrais, mon doux frère,
Lui dire aussi tout l'amour de mon cœur.
Emmène-moi vers la rive chérie :
Abrite-moi sous ton aile d'amour ;
Laisse-moi voir, Ange, je t'en supplie,
Le Prêtre saint, le héros de ce jour,
Ah ! c'est bien lui : son noble front rayonne,
Son doux regard contemple avec bonheur
Ce peuple cher, sa joie et sa couronne,
Lui redisant : Nous t'aimons, bon Pasteur.

(1) Les communautés religieuses ont surtout envoyé des félicitations au vénéré doyen. Nous avons choisi dans ce parterre ce bouquet délicieux.

Je vous entends, Anges du sanctuaire,
Lévites saints, vous lui chantez en chœur :
Tu nous guidas dans la sainte carrière,
A toi nos chants, nos hymnes de bonheur !
Plus loin, je vois la portion bénie
De son bercail. Epouses de l'Agneau,
Lui présentant sa famille chérie,
Les plus petits de son nombreux troupeau.

Nous te devons notre belle jeunesse
Disent les Vierges au front plein de candeur ;
Et nous t'offrons, pour gage de tendresse,
Notre beau lis, dans toute sa fraîcheur.
Heureux Pasteur ! ta nombreuse famille
Vient de chanter avec de saints transports.
Sur tous les fronts, partout, le bonheur brille,
Et se traduit en ravissants accords.
Je suis toujours ta brebis, tendre Père,
Et pour fêter tes belles Noces d'or,
Sous l'aile aimée du bel Ange, mon frère,
Je prends vers toi le plus joyeux essor.
Ecoute-moi : c'est la reconnaissance
Qui vient chanter son hymne de bonheur.
Je te dois tout ! Guide de mon enfance,
Tu fus pour moi, vraiment le bon Pasteur.

Je me souviens de ce jour d'allégresse
Où, m'appelant de ta si douce voix,
Tu me nourris, délicieuse ivresse !
De mon Jésus, pour la première fois. . . .
Qui te dira mon humble gratitude ?
Père ! je n'ai ni talents ni vertus,
Mais pour aimer est-il besoin d'étude ?
Parle pour moi, mon aimable Jésus.
Exauce donc, bon Jésus, ma prière ;
C'est celle aussi de ma très-bonne sœur. (1)
Fille, avant moi, de mon bien-aimé Père,
Conserve-nous longtemps sur cette terre
Ce Père aimé, Prêtre selon son cœur.
A nous s'unit Agnès notre bergère ; (2)
Exauce-nous, Jésus mon doux Sauveur.

Exauce-nous ; une famille entière
Pour lui t'implore et te prie à genoux.
Ce sont des sœurs, des enfants, une mère,
T'offrant leurs vœux pour un Père si doux.
Et maintenant, adieu fête chérie !
Ton beau soleil voit finir son déclin. . . .
Moi, je repars avec l'Ange, mon frère,
Vers mon doux nid, vers mon époux divin.

SŒUR MARIE-JOSEPH, *du St-Sacrement.*

(1) Cette bonne Sœur est la Sœur *Lasserre*, en religion Sœur *Agnès*, Supérieure des Dominicaines de Nay.

(2) Notre bergère est la Supérieure des Dominicaines de Mauléon, Mlle *Lassalle*, en religion Sœur *Agnès*.

Liste des Prêtres qui ont assisté aux Noces d'or.

MM.

Menjoulet, vicaire-général de Mgr l'Evêque.
Souviron, archiprêtre d'Orthez, chanoine honoraire.
Bordenave, vice-archiprêtre de St-Jacques de Pau, chanoine hon[re].
Thuilier, aumônier de Ste-Ursule de Pau, chanoine honoraire.
Dupont, aumônier de Dominicains, chanoine honoraire.
Lacour, supérieur des Lazaristes de Pouy (Landes).
Etchecopar, supérieur de Bétharram.
Brune, curé-doyen de Coarraze.
Lartigau, curé-doyen de Sauveterre.
Batcave, curé de Ste-Gladie, neveu du célébrant.
Batcave, curé d'Arance.
Batcave, curé de Castetarbe, cousin du célébrant.
Batcave, curé d'Orion, cousin du célébrant.
Salles, curé de Pardies, (Doyenné de Nay).
Bergé-Matardonne, curé d'Asson, id.
Cousté, curé d'Arros, id.
Bidou, curé de Bruges, id.
Permasse, curé d'Arthez-d'Asson, id.
Peyras, curé de Mifaget, id.
Lascabettes, curé de Capbis, id.
Clos-Loustau, vicaire d'Arros, id.
Passabet, vicaire de Bruges, id.
Bayle, vicaire d'Asson, id.
Guichemans, curé de St-Médard, ancien vicaire de Nay.
Cambuston, curé de Maucor, id.
Sanarens, curé de Cosledàa, id.
Douat, curé de Bénéjacq, id.
Casteret, aumônier de l'hospice d'Oloron, id.
Canton, curé d'Artiguelouve, id.
Haure, curé de Corbères, id.
Bergerot, curé d'Escou, id.
Dupont Jean, professeur à l'Institution St-Joseph, natif de Nay.
Dupont André, id. id.

Louge, curé du Boucau, natif de Nay.
Lapeyrère, curé de Buzy, id.
Brunet, curé de Laroin, id.
Labourdette, curé d'Aressy, id.
Lourau, curé de Labouheyre, id.
Bayce, ancien curé de Bizanos, id.
Bayce, professeur à Bayonne, id.
Porte, vicaire de Nay.
Cazaban, vicaire de Nay.
Bordenave, curé de Mirepeix.
Sallenave, prêtre habitué à Lescar.
Poey, professeur à l'Institution St-Martin de Pau.

LES NOCES DE DIAMANT

Nous venons de reproduire le récit des grandes fêtes célébrées en l'honneur de M. l'abbé Batcave, à l'occasion de son jubilé sacerdotal. Inutile d'ajouter que le spectacle de ces fêtes splendides laissa dans tous les cœurs de profondes et touchantes émotions.

Longtemps après le beau jour des noces, il arrivait qu'au passage du bien-aimé pasteur, on entendait fredonner discrètement, sur les rues de la ville et dans l'intérieur des maisons, les mêmes chants, devenus populaires, qu'on avait entendus, pour la première fois, dans cette circonstance.

C'était comme autant d'échos fidèles qui trahissaient à merveille le charme et la pérennité du souvenir.

Mais si tant de témoignages d'amour, mêlés à tant d'allégresse, semblaient se disputer, à l'envi, l'honneur de relever la splendeur de cette première solennité, certes, à quels transports d'enthousiasme, à quel éclat exceptionnel, ne devait-on pas s'attendre, au cas où le ciel ménagerait au digne jubilaire la faveur si rare et si précieuse de célébrer la soixantième année de son sacerdoce? Un si mémorable anniversaire n'était-il pas appelé à prendre les proportions grandioses d'un véritable événement?

Aussi, longtemps d'avance, les plus hauts personnages semblent tenir à devoir et à honneur de s'inscrire pour la future fête.

Mgr Ducellier, alors évêque de Bayonne, mais appelé depuis à de plus hautes fonctions, témoigne, en maintes circonstances, à son cher doyen de Nay, l'intention de présider en personne ses futures noces de diamant.

Mgr Fleury-Hottot, qui lui succède, n'a pas plus tôt visité la gracieuse ville de Nay, il n'a pas plus tôt fait la connaissance de son aimable et vénéré pasteur, qu'il s'empresse de lui faire des promesses identiques, en prenant, à son compte, les engagements de son prédécesseur. « Je sais, lui dit-il, ce qui a été dit et ce qui a été fait de très beau à l'occasion de vos noces d'or ; mais nous tâcherons de faire mieux encore, si c'est possible, au grand jour de vos noces de diamant. Et ce jour-là, si vous le voulez, mon cher Doyen, et si Dieu m'en fait la grâce, je serai moi-même votre panégyriste. »

La mort, hélas ! enlevait prématurément au troupeau qu'il aimait tant et dont il était si tendrement aimé, ce modèle de Pasteur, ce type de bonté paternelle, ce Prélat au cœur d'or, dont on se plaisait à dire déjà qu'il était les *délices de son diocèse.*

Mort aussi ! ce vieil ami de M. l'abbé Batcave, ce maître de la parole, qui lui avait apporté si gracieusement, au jour de ses noces d'or, le magnifique tribut de son éloquence et de sa grande autorité. Peu de temps après le jubilé sacerdotal de son vénérable ami, M. l'abbé Menjoulet, vicaire-général du diocèse, célébrait à son tour son propre jubilé.

Les communautés religieuses du diocèse et les maisons d'éducation s'associèrent, dans cette circonstance, aux vœux et aux joies du clergé, comme elles prirent part au même deuil qui les frappa tous au même degré, lorsqu'on eut à déplorer, bientôt après, la perte de l'éminent ecclésiastique, du prêtre savant et distingué, dont les talents, les travaux et les vertus l'avaient fait une des gloires les plus nobles et les plus pures de notre Béarn.

Je pourrais citer encore de grands noms, dans la sainte milice ou parmi les hommes de l'état civil, amis ou parents de M. l'abbé Batcave, qui s'étaient promis, à ce titre, de figurer à ses Noces de diamant.

Le temps, ce grand faucheur, en a fait disparaître un bon nombre ; mais lui, le héros de la future fête, reste toujours : il est là debout, comme un vieil arbre à la sève vigoureuse, qui domine et survit, au milieu des débris amoncelés autour de lui.

Robuste vieillard ! voyez-le comme il porte lestement encore et le poids des ans et le faix du ministère. Il est vrai : la modération de son caractère, l'équilibre de ses facultés, son régime de vie invariablement composé de règle et de tempérance, tout, jusqu'à sa parfaite égalité d'humeur, jusqu'à sa soumission pieuse et absolue à la volonté de Dieu dans les diverses conjonctures de la vie, tout, dis-je, semble prédisposer le vénérable octogénaire à une longévité digne des anciens patriarches. A peine quelques crises d'asthme viennent-elles, une fois ou autre, à de rares intervalles, interrompre le cours ordinaire de ses occupations et la régularité de ses exercices quotidiens. Le confessionnal, la chaire, l'autel, les catéchismes, les congrégations, les malades, toutes les œuvres, tous les besoins du ministère le trouvent assidu, chaque jour, à toute heure, comme si l'âge, en avivant son zèle, augmentait ses forces au lieu de les diminuer.

C'est ainsi qu'avec une vigueur et des ardeurs toutes juvéniles, l'énergique vieillard inaugurait à 85 ans la soixantième année de son sacerdoce.

Dès le début de cette année mémorable, la pensée du ministre de Dieu se reporte avec bonheur, voire même avec persistance, sur le glorieux anniversaire du 27 novembre qui approche. « Priez, disait-il fréquemment à la jeunesse des écoles et à ses nombreuses congréganistes; priez, mes enfants, afin qu'il nous soit donné de voir ce jour, où prosternés avec moi devant Dieu, vous m'aiderez à bénir le Seigneur qui daigna me choisir, aux jours de ma jeunesse, pour être son serviteur, son ministre, son prêtre, et plus tard votre pasteur et votre père. Je me propose, avec la grâce de Dieu, de célébrer solennellement, à l'instar de mes Noces d'or, mes futures Noces de diamant; après quoi je n'aurai qu'à chanter mon *Nunc dimittis*; car, ajoutait-il avec sa charmante bonhomie : « Qui a longtemps vécu, n'a pas longtemps à vivre. «

Et le ciel clément semblait exaucer à souhait les pieuses aspirations du pasteur et les désirs non moins ardents du troupeau.

Fidèle et constant dans son devoir de chaque jour, le vieillard intrépide continuait à porter allègrement le poids de ses 85 ans.

Rien ne laissait pressentir les craintes prochaines que cette santé si chère allait bientôt inspirer à ses amis si nombreux, à son troupeau si dévoué.

Mais si les dons de Dieu sont sans repentance, il est rare pourtant que le Seigneur accède à la totalité de nos désirs, ou parce que leur complète réalisation n'entre pas dans les vues de sa providence, ou parce que sa bonté le porte, jusque dans les largesses qu'il nous fait, à ménager cette pauvre présomption humaine, qui s'imagine trop facilement que les dons du ciel, au lieu d'être spontanés et gratuits, sont, au contraire, ou le résultat, ou la juste récompense de nos mérites.

Or, voilà que vers la fin de septembre, à la première heure du jour qui était invariablement celle de son lever, prêt à commencer sa besogne ordinaire, le vaillant ouvrier tombe frappé soudain de paralysie. La nouvelle de l'accident éclate, surprend, terrifie, comme un coup de foudre. En un instant, la ville de Nay tout entière est en émoi. On accourt, on s'empresse, on entoure le malade, on lui prodigue toutes sortes de soins ; mais son état est grave : il inspire les plus sérieuses alarmes.

En vain la science, en vain l'amitié, le dévouement s'essayent à combattre les progrès du mal.

Ceux qui approchent le malade s'accordent à dire qu'il n'y a plus pour lui de ressources, et que la mort n'est plus qu'une affaire de peu de jours.

Oh ! c'est alors que la piété filiale éclate, elle aussi, avec une nouvelle puissance. Où les secours humains paraissent échouer, elle s'empresse d'appliquer l'efficacité des moyens surnaturels. Les neuvaines succèdent aux neuvaines, les Rosaires aux Rosaires, les communions aux communions.

Les Filles de la Croix, si bonnes, si dévouées, organisent autour d'elles, en faveur du malade, une sainte conspiration de bonnes œuvres et d'exercices religieux. Les nombreuses filles de leur école et de leur ouvroir, grandes et petites, et beaucoup d'autres personnes de la paroisse, s'associent à cette puissante conjuration d'enfants éplorés, priant encore, priant toujours, pour obtenir du Ciel la conservation d'un père bien-aimé. Oh ! comment le Seigneur si bon serait-il insensible à des supplications qui partent de tous les cœurs à la fois, avec une ardeur et des élans capables de vaincre les résistances même les plus injustement opiniâtres ?

Cependant, le mal enrayé, mais non vaincu, garde son attitude menaçante. Un simple accès de fièvre, une légère complication suffiraient à précipiter le dénouement de la crise ; et cette situation alarmante se prolonge encore quelques jours.

En attendant, de hautes marques d'intérêt et de sympathie sont prodiguées à M. l'abbé Bateave par les plus hautes notabilités de la ville. C'est l'honorable M. Rey, maire de Nay, dont les relations avec le clergé de la paroisse et principalement avec le vénérable Doyen, ont toujours été empreintes de la plus exquise bienveillance et de la plus parfaite courtoisie. C'est M. Quevreux, possesseur du beau domaine de Langladure, ce sont les clefs des usines et des manufactures, les membres de la fabrique et de la municipalité, lesquels, à défaut de visites icterdites au malade, recueillent, chaque jour, avec sollicitude le bulletin de sa santé.

C'est à cette période de la maladie, le 17 octobre, que M. l'abbé Guichemans accourt du fond de sa paroisse, sise à l'extrémité du diocèse, sur la frontière du pays des Landes, pour avoir *de visu* des nouvelles de son cher malade, et témoigner à son vieil et bon curé d'autrefois, son fidèle et filial attachement. Le curé de St-Médard avait été l'un des premiers vicaires donnés à M. l'abbé Batcave, après sa nomination à la cure de Nay. Ensemble ils avaient travaillé à une première restauration de l'église paroissiale et à la fondation de l'établissement, si prospère aujourd'hui, des bonnes Filles de la Croix.

On n'a pas oublié, on n'oubliera pas de longtemps avec quel dévouement curé et vicaire, jeunes l'un et l'autre, se consacrèrent au service des malades, dans cette année mémorable (1855) où l'épidémie cholérique exerça de si cruels ravages dans nos contrées, mais particulièrement dans la petite ville de Nay, qui semblait avoir attiré de préférence les fureurs les plus implacables du terrible fléau.

Il n'y a pas comme ces douloureux événements et ces lugubres souvenirs pour éterniser dans les âmes ces amitiés et ces sympathies réciproques, qui sont nées au sein de l'épreuve et dans la communauté des mêmes périls ;

Donc, en faveur de l'ami dévoué qui vient de si loin, on passe par-dessus la consigne qui défend au malade de recevoir n'importe quel visiteur.

Le vieux curé revoit son ancien vicaire avec une joie sensible, il l'embrasse avec effusion : « Je suis heureux, lui dit-il, de vous revoir avant de mourir. Je touche à ma fin. Mes chères noces de diamant ! Je voulais tant les célébrer sur la terre ! ! ! Que la volonté de Dieu soit faite ! J'espère les célébrer dans le ciel ! !

— Mais, Monsieur le Doyen, vous savez que Dieu seul a le secret de l'avenir. Laissez-lui le soin de disposer à son gré du temps, des personnes et des choses. D'ailleurs, vous n'ignorez pas qu'on prie beaucoup pour vous. Je compte sur la puissance de ces prières, et je compte, par conséquent, sur la fête du 27 novembre, que nous célébrerons avec vous, s'il plaît à Dieu, sur cette terre, au milieu de votre cher troupeau qui sera particulièrement jaloux de vous donner, à l'occasion de votre heureuse convalescence, les marques les plus sensibles de son attachement.

— Vous le croyez ?

— Je l'espère.

— Et s'il en était ainsi, vous me prêteriez, comme pour les noces d'or, votre concours?

— Oui, le plus complet, le plus dévoué.

— Je vous remercie; Dieu veuille m'en faire la grâce!

Et depuis ce moment, le bon vieillard avait senti se réveiller ses plus chères espérances. L'idée de ses prochaines noces de diamant hantait comme un charme agréable et caressait, à la fois, son esprit et son cœur.

En même temps, une amélioration sensible, mais très lente, s'accuse de plus en plus dans l'état du malade. Ses forces physiques et ses facultés morales semblent reprendre un peu de vigueur. L'appétit revient; avec lui le sommeil réparateur. Obligé de garder la chambre, à cause de sa grande faiblesse, le bon prêtre peut, du moins, réciter son bréviaire, lire par intervalles et même tracer quelques lignes. C'est la convalescence qui s'annonce; c'est la prière qui triomphe; c'est le miracle d'une quasi-résurrection qu'elle opère insensiblement; ce sont les jours d'un père aimé dont elle obtient du ciel l'heureuse prolongation.

Restait l'extrême faiblesse du malade qu'il ne fallait point cesser de ménager; restait aussi la crainte permanente d'une crise nouvelle que la moindre émotion pouvait provoquer à tout instant.

Dans ces conjonctures si pleines d'incertitude et de perplexité, fallait-il songer sérieusement à la célébration d'une fête que le moindre accident était capable de changer en un deuil universel?

D'un autre côté, la date remarquable du 27 novembre devait-elle passer inaperçue, comme le plus commun des jours, sans une manifestation populaire, sans un témoignage public, solennel de la piété filiale du troupeau pour le plus digne et le plus aimé des pasteurs?

Les timides ou, si l'on veut, les prudents, vu l'état encore peu rassurant du malade, vu l'insuffisance de temps pour la préparation d'une fête convenable, vu les chances trop certaines d'un réel insuccès, se prononcent pour la négative, et, partant, conseillent l'abstention la plus absolue; ç'aurait été, sans doute, l'avis du sergent de Noriac, qui trouvait dans l'immobilité le plus admirable mouvement de l'exercice.

Ce n'était pas l'opinion générale; telle surtout n'est pas la pensée de l'énergique vieillard qui, sentant renaître ses forces, tient à fêter, comme il l'avait annoncé maintes fois, le jour du soixantième anniversaire de son ordination sacerdotale. « Ce jour-là, disait-il, avec un air d'assurance qui paraissait de bon augure, ce jour-là, je dirai ma messe d'action de grâces. »

En conséquence, il communiqua ses intentions aux Filles de la Croix de la paroisse ; et celles-ci, trop heureuses de seconder les désirs de leur insigne bienfaiteur, se mettent à l'œuvre, sans présomption, mais sans défaillance,

Averti presque aussitôt de cette soudaine détermination, M. le curé de St-Médard se hâte de fournir sa bonne part de concours. — Comment se ménagerait-il, puisqu'il s'agit de faire honneur et plaisir à son ancien curé, pour lequel il professe un culte de dévouement sans bornes ?

Aussitôt une pièce est composée pour la circonstance, avec une série de chants et de poésies destinées à fournir, par un habile encadrement, le programme varié de la fête.

Ce serait ici le cas d'admirer ces traits d'intelligence, ces ardeurs de caractère, ces élans d'enthousiasme dont la population nayaise est si capable, quand on a la bonne fortune de mettre en mouvement l'admirable ressort de son cœur.

Huit jours à peine nous séparent de la grande fête. Tout est à faire... tout est à préparer.

Le découragement aurait été le fait des âmes vulgaires ; mais à des gens de cœur et de bonne volonté, tout ce qui constitue la lutte, l'effort, le coup de main, les prises avec la difficulté, devient comme une sorte d'attrait, comme un vif stimulant qui leur double le courage et la puissance.

Donc, à mesure que les pages manuscrites arrivent, encore tout humides du travail de la veille, les rôles sont distribués, copiés, appris.

Les chœurs s'organisent, brillants, nombreux et pleins d'ardeur. Les répétitions succèdent aux répétitions : les apprenties et les jeunes ouvrières des usines y consacrent leur demi-heure de récréation, après le repas de midi ; et, le soir, après le travail du jour, assez tard prolongé, les voilà qui se prêtent encore, et de grand cœur, à de nouveaux exercices, à de nouvelles répétitions.

Pendant cette semaine d'incessantes études, l'établissement des Filles de la Croix devient comme une ruche sans cesse bourdonnante, où des essaims d'abeilles s'ingénient à composer à qui mieux mieux les rayons de miel parfumé dont elles gratifieront le public au grand jour de la fête religieuse et familiale de leur bien-aimé pasteur.

Deux jours avant la fête, M. l'abbé Guichemans vient sur les lieux pour assister aux dernières répétitions de la pièce et des chants dont il est l'auteur, et pour essayer, dit-il, de relever l'imperfection de son œuvre trop hâtive, par le fini de l'exécution. Il a pu se convaincre, aux applaudissements enthousiastes qui l'ont accueilli, que son travail avait eu les honneurs d'un succès incontesté.

Ce succès revient aussi, pour une bonne part, à Madame Charles Fourcade, de Claracq-Nay, laquelle a bien voulu se prêter à la préparation et à la solennisation de la fête avec une grâce et une bonne volonté qui méritent toutes louanges.

Sur la demande des Filles de la Croix, Madame Fourcade a mis, dès la première heure, au service de leurs élèves, son zèle, ses connaissances musicales et son talent d'artiste ; sa tâche était des plus difficiles : le classement des voix, l'arrangement et l'étude des partitions, les répétitions partielles et collectives, la formation particulière des solistes, la bonne organisation des chœurs, l'uniont l'harmonie de ces éléments divers, assemblés au hasard, exigeaien, des qualités maîtresses qui n'ont pas fait défaut à l'intelligente musicienne. Elle ne pouvait les déployer en plus belles circonstances, ni pour une meilleure fin. On a surtout admiré l'habileté surprenante avec laquelle, s'inspirant du caractère propre de chaque morceau, elle se livrait d'instinct, dans ses accompagnements, à des improvisations variées qui trahissaient une sûreté de touche et de goût remarquables, avec une parfaite connaissance des règles de l'harmonie.

Et maintenant, que l'heure de la fête approche ! ! ! qu'elle s'annonce au bruit joyeux des cloches et des carillons ! ! ! L'intelligence, le zèle de tous a suppléé au défaut de temps. On est prêt.

Il est prêt, de son côté, l'auguste et heureux vieillard. Dès l'aube du jour, le voilà, comme en santé, qui s'apprête à la célébration du saint Sacrifice. A l'heure fixe, d'un pas grave, mais pourtant dégagé, il descend, revêtu des insignes du canonicat, accompagné de ses deux vicaires et de M. l'abbé André Dupont, son ami intime et dévoué. Sa figure rayonne d'allégresse, je dirai presque de fraîcheur et de santé.

Le public a déjà envahi l'enceinte de l'église. Comme un frémissement de surprise et de joie traverse la foule qui revoit, après tant de jours de séparation pénible, le père aimé que la mort avait semblé disputer aux prières et à l'amour de ses enfants ! On pourrait saisir sur maintes lèvres cette parole qui résonne au fond de tous les cœurs : « Dieu soit béni ! c'est une vraie résurrection. »

Inutile de répéter, après le compte-rendu du *Bulletin Catholique* du diocèse de Bayonne, les détails de cette cérémonie religieuse si touchante et si pieuse.

La brillante illumination de la chapelle et de l'autel où la sainte victime va descendre, à l'appel de son ministre, la voix grave du célébrant que l'on entend, par intervalles, réciter avec émotion les prières liturgiques, les notes mélodieuses des congréganistes, les soupirs de l'orgue qui les accompagne, la douceur elle-même des chants, l'attendrissement des fidèles, l'émotion des cœurs, la sainteté du lieu, le recueillement général ; ah ! certes, il n'en fallait pas tant pour prêter à ce commencement de fête un caractère de grandeur, de dignité, de beauté, capable de donner à tous l'illusion, si ce n'est, peut-être, le goût et la vision du paradis.

Après la messe, le bon pasteur, sensiblement ému, éprouve le besoin d'épancher le trop plein de son âme dans l'âme de ses paroissiens qui partagent son émotion. Il s'avance vers eux, et d'une voix que l'âge et la maladie n'ont pas notablement affaiblie, il leur adresse une touchante allocution dont nous avons le bonheur de reproduire ici le texte :

Allocution de M. le curé de Nay, prononcée après sa messe des noces de diamant, le 27 novembre 1889.

Mes très Chers Frères,

En descendant du saint autel, je ne puis m'empêcher de vous adresser quelques paroles. Elles me sont dictées par mon cœur vivement ému.

Ce jour du 27 novembre est un jour bien mémorable pour moi. C'est l'heureux anniversaire de mes noces d'or célébrées, il y a dix ans, avec solennité, dans notre église. La foule des fidèles remplissait l'enceinte sacrée. Dans le sanctuaire, on voyait une couronne d'environ cinquante prêtres, Elles furent présidées, ces noces d'or, par mon vieil ami, M. l'abbé Menjoulet, vicaire général et délégué par Mgr Ducellier, alors évêque de Bayonne.

Une brochure rendit compte de cette fête, appelée la Fête du cœur. Elle fut distribuée dans la paroisse. Elle contient les discours qui furent prononcés, soit dans le lieu saint, soit dans les agapes fraternelles. On y lit plusieurs pièces de poésie, œuvres remarquables de M. le curé Guichemans, mon ancien vicaire, qui sait allier le double talent de poète à celui de musicien. Il veut encore, ce constant ami, me donner une preuve de son dévouement.

Aujourd'hui, dans l'établissement des Filles de la Croix, vers 2 heures, de jeunes élèves prendront part à mes noces de diamant, en jouant des pièces récréatives, composées par son fécond talent.

Pourquoi les noces de diamant sont-elles ainsi appelées ? Parce qu'il y a soixante ans, en pareil jour, je fus revêtu du caractère sacerdotal, par Mgr d'Astros, mort archevêque de Toulouse. Soixante ans de sacerdoce ! Quelle longue carrière !

J'ai bien lieu, mes frères, de rendre à Dieu d'immortelles actions de grâces. Après plus de deux mois de maladie grave, le bon Sauveur a permis que je monte aujourd'hui au saint autel et que j'immole la victime sainte. Ne puis-je pas dire que je suis redevable de cette faveur spéciale aux bonnes prières faites dans la paroisse pour votre pasteur et père ?

Je ne l'ignore pas, mes frères, vous avez beaucoup prié pour moi : aussi je suis heureux de vous payer un juste tribut de ma vive reconnaissance. Vous m'avez donné des preuves bien touchantes de votre sympathie et de votre religieuse affection.

De mon côté, je n'ai pas manqué, mes frères, de prier pour le salut de vos âmes qui me sont confiées. Dans la solitude de ma maladie, je ne pouvais oublier le salut de vos âmes. N'est-ce pas là, comme le dit le Sauveur, l'affaire essentielle, l'unique nécessaire : *Unicum necessarium.*

Laissez-moi, mes frères, ajouter ces paroles que le grand Apôtre adressait aux fidèles de la primitive Eglise. *Satagite ut per bona opera vestra certam faciatis vocationem vestram.* Appliquez-vous à remplir, avec un nouveau zèle, les devoirs de la religion et les obligations de votre état. Ne l'oublions jamais. Elle est belle et sublime notre vocation. Nous sommes appelés à la possession, au bonheur de Dieu même. Nous devons le mériter par nos œuvres. Après les combats de la vie, après les souffrances de la terre, appelée la vallée des larmes, les immortelles délices du ciel nous sont réservées.

Je finis, mes très chers Frères, par le meilleur souhait que je puis vous faire. Puissions-nous tous, prêtres et fidèles, célébrer au céleste séjour, célébrer ensemble les noces éternelles dans les splendeurs des saints, pendant les perpétuelles éternités !

Pour bouquet spirituel, vous aimerez, mes frères, à redire avec confiance cette prière que nous récitions pendant le mois béni de St-Joseph.

Jésus, Marie, Joseph, je vous donne mon cœur, mon esprit et ma vie.

Jésus, Marie, Joseph, assistez-moi dans ma dernière agonie.

Jésus, Marie, Joseph, que je meure paisiblement en votre sainte compagnie. Ainsi soit-il.

C'est avec effusion de cœur, que je vais vous donner la bénédiction, ainsi qu'à toute la paroisse.

Benedicat vos omnipotens et misericors Deus, Pater et Filius et Spiritus sanctus. Amen.

A peine les dernières paroles du vénéré pasteur se sont-elles répandues sur la foule avec sa bénédiction paternelle, que le chœur tout entier des chanteuses attaque vivement, d'abord à l'unisson, puis en accords éclatants, le *Laudate Dominum omnes gentes* du 5e mode, dont la tonalité, joyeuse et puissante, s'harmonise admirablement avec les sentiments d'allégresse et de reconnaissance qui jaillissent à flots pleins des âmes de tous les fidèles. Chacun de dire et de s'écrier avec le héros de la fète : Oui ! vraiment, ce jour est celui que le Seigneur a fait : *Hœc dies quam fecit Dominus.* Le Seigneur a été ma force et mon secours, qu'il soit l'objet de mes louanges, lui ! l'auteur de mon salut : *Fortitudo mea, et laus mea, Dominus et factus est mihi in salutem.* Renversé, abattu par l'épreuve, il m'a recueilli dans ses bras : *Impulsus, eversus, suscepit me.* Sa droite a fait un prodige, *dextera Domini fecit virtutem;* elle n'a pas voulu me laisser tomber dans les bras de la mort; *et morti non tradidit me !!* O lévites ! ô prêtres ! ô fidèles ! ô maison d'Israël et d'Aaron, bénissez les miséricordes infinies du Seigneur : *Dicat nunc Israël, dicat nunc domus Aaron quoniam in seculum misericordia ejus.* Louons ensemble, louons le Seigneur en ce jour, réjouissons-nous et tressaillons d'allégresse : *Exultemus et lœtemur in eâ.*

Tel est le cri de triomphe et de louanges qui s'échappe de toutes les poitrines; et les Anges du sanctuaire et les Anges du ciel, s'unissant au concert des fidèles, ont fait parvenir ce cri de la reconnaissance et de l'amour jusqu'au trône du Dieu trois fois saint qui vit et règne dans tous les siècles des siècles. Ainsi soit-il.

Voilà ce qu'a été la délicieuse matinée par où débutait la série des joies de cette journée qui devait en être si féconde.

A deux heures de l'après-midi, fidèle au rendez-vous annoncé par M. le Doyen, dans son allocution du matin, la population de Nay se porte en masse vers le bel établissement des Filles de la Croix.

Chacun s'y rend, non point en vertu d'une carte d'invitation officielle, — les portes de l'établissement, comme celles de l'église, sont ouvertes à tout le monde — mais spontanément, n'écoutant que son cœur entraîné par les attraits d'une fête de famille, inspirée elle-même par l'amour et la reconnaissance.

Longtemps avant l'heure de la séance, la grande salle de l'établissement se trouve déjà envahie par une foule qui va grossissant à toute minute. « Entre qui veut, » dit-on d'abord ; mais bientôt la formule change et l'on se dit : « Entre qui peut. »

D'aucuns sont obligés de stationner dans la cour extérieure ; d'autres, ne pouvant mieux, se suspendent, comme des grappes humaines, aux barreaux des fenêtres. On veut voir, on veut entendre, on veut jouir de la fête à quelque prix que ce soit.

Bientôt le rideau se lève, et l'on voit déjà, sur l'estrade, assise à l'harmonium, Madame Charles Fourcade, entourée d'un groupe nombreux de chanteuses, qui enlèvent prestement un morceau d'ouverture, de grand air et de brillante harmonie. Les applaudissements commencent et vous les verrez s'accentuer avec une énergie croissante jusqu'à la fin de la représentation.

Une charmante fillette de 11 à 12 ans, qui répond au nom de Clémentine dans la pièce — Mademoiselle Irma Faure, — se présente pour annoncer avec beaucoup de grâce le titre de la pièce : *Cadeaux de fête*.

A ce moment, M. l'abbé Guichemans se lève pour réclamer, en très bons termes, au nom des religieuses de l'établissement et un peu en son propre nom, la bienveillance du public, soit en faveur de l'œuvre elle-même, soit en faveur des jeunes artistes qui la doivent interpréter :

« Vous connaissez, dit-il, au sujet de cette fête, les hésitations qui se sont produites et prolongées jusqu'à la dernière heure ; vous savez aussi les tristes causes qui les ont provoquées. Inutile de faire observer combien ces incertitudes forcées ont nui, tant à l'élaboration de la pièce qu'aux préparatifs de son exécution. Oh ! bien regrettable encore est, à ce point de vue, l'absence du héros de la fête, dont les encouragements et le sourire paternel auraient singulièrement favorisé le jeu des personnages de la pièce dans l'interprétation de leurs rôles. A ce double titre, je me crois autorisé à réclamer de vous, en faveur de ces enfants, la plus complète indulgence. Pas besoin de dire, n'est-ce pas, que cette indulgence, — si tant est qu'elle soit nécessaire — leur est parfaitement acquise et que bien loin de leur ménager nos critiques, nous sommes entièrement disposés à leur prodiguer nos plus chauds applaudissements. D'ailleurs, ajoute-t-il en se tournant vers les enfants, si l'absence du vénéré pasteur est regrettable à tous les points de vue, si le héros manque à cette fête qui emprunterait, à coup sûr, de cette présence auguste, un éclat, des charmes et des attraits exceptionnels, il n'en est pas moins vrai que cette belle réunion de famille est toute en son honneur. Absent de corps, le père bien-aimé reste ici présent par l'esprit et par le cœur. Son souvenir, inséparable de cette fête, plane gracieux et souriant dans cette enceinte, au milieu d'une assemblée toute palpitante de ses joies et de son amour. Inspirez-vous de ces pensées, mes chères enfants, elles vous seront un encouragement salutaire ; et à ce compte, j'en ai la confiance, le jour ne s'achèvera pas que des voix amies n'apportent à l'heureux vieillard, avec la nouvelle triomphante de vos succès artistiques, les échos fidèles de nos plus sympathiques applaudissements. »

Ces chaleureuses paroles lancées avec feu sur un auditoire impressionnable, sont comme une étincelle électrique ou comme un coup de clairon qui met tous les cœurs en émoi. A ces accents animés, les personnages de la pièce, jeunes actrices improvisées, s'encouragent, s'enhardissent, et voilà qu'elles apparaissent, sous la forme de bergères, sur le théâtre qu'on a jonché de verdure et de fleurs. Comme elles sont élégantes et modestes dans leur costume d'Ossaloises, avec leur capulet rouge sur la tête, leur quenouille au côté, ou le tricot à la main et leurs mignons sabots aux pieds ! Elles entrent en chantant un air pastoral, que le hautbois, nasillard et narquois, accompagne avec des ricanements d'écho champêtre. Rangées en file, elles décrivent sur le théâtre, au son de leur musique, des méandres gracieux qui s'harmonisent avec le rhythme des couplets. Voici les noms de ces bergères :

GERMAINE	Mlles Jeanne JUNQUET.
JEANNE	Adrienne PÉDARRÉ.
BLANDINE	Catherine VILLENEUVE.
GENEVIÈVE	Marie NOGUÈS.
ANNETTE	Marie SAUX.

Que chantent-elles? De très jolies choses. Jugez-en, s'il vous plaît.

1er COUPLET

Germaine. — Accourez en ce séjour,
Jeunes bergères,
Venez chanter tour à tour
Un si beau jour.
Celui que nous appelons
L'honneur des pères,
Est celui que nous fêtons
Dans nos chansons.

Le chœur : Tra la la, etc.

2e COUPLET

Jeanne. — Au pied du riant coteau,
Dans la vallée,
Quel est ce joyeux troupeau,
Si grand, si beau?
Dès que l'aube en sa blancheur
S'est éveillée,
Sur lui veille avec bonheur
Le bon pasteur.

Le chœur : Tra la la, etc.

3e COUPLET

Geneviève. — Au troupeau qu'il aime tant,
Ce père tendre
Renouvelle à tout instant
Un soin constant.
Jamais le loup dévorant
N'a pu surprendre
Le berger lâche ou dormant
Imprudemment.

Le chœur : Tra la la, etc.

4e COUPLET

Blandine. — Tout le long des clairs ruisseaux
Venez, sans crainte,
Boire au cristal de leurs eaux,
Brebis, agneaux.
Suivez toujours en tous lieux
La douce empreinte
Des pas de l'ange de Dieu
Sous le ciel bleu.

Le chœur : Tra la la, etc.

5e Couplet

Annette. — Qu'elle a de charmes vainqueurs,
L'aimable fête,
Qu'elle a d'étranges douceurs
Pour tous nos cœurs !
Vis en notre souvenir,
Jour mémorable,
Puisses-tu sans te ternir
Jamais finir.

Le chœur : Tra la la, etc.

Après avoir chanté, l'une d'elles dit : « Asseyons-nous sur ce tapis de verdure pour vaquer ensemble à nos occupations, pendant que nos troupeaux reposent ou pacagent sous la garde du plus vigilant des pasteurs. »

Et les voilà qui travaillent, devisent et babillent. Et des flots de leur babil émergent parfois des réflexions sérieuses, parfois des allusions aimables à l'égard du bon pasteur; allusions et réflexions que l'auditoire accueille et marque chaque fois de ses sourires approbateurs.

Mais c'est un beau jour de fête!!! Les fillettes ne l'ont pas oublié.

La petite Annette, elle surtout, n'a pas attendu le dernier jour pour préparer son cadeau de fête et son compliment. Elle a l'indiscrétion de le laisser entendre à ses compagnes. Aussitôt voilà notre petite Annette sollicitée par elles : on la presse de questions. C'est un véritable siège qu'on dresse autour d'elle pour avoir tout son secret. Mais la drôlette se défend avec énergie, voire même avec esprit : « Vous voudriez le savoir, mon secret, dit-elle, et moi je voudrais vous le cacher ! » et l'on dirait qu'elle se plaît à piquer de plus en plus leur curiosité. Cependant, elle consent à la fin à leur donner satisfaction — pourvu que son cadeau soit bien le sien et seul de son espèce. Condition acceptée, promesse faite, elle révèle que son cadeau n'est autre qu'un magnifique bouquet de fleurs cultivées et cueillies tout exprès pour la circonstance.

Mais à force de taquineries et d'habiles manœuvres, on vient à surprendre encore d'elle un autre secret : c'est qu'elle doit non point réciter, mais chanter son compliment. Oh ! pour le coup, les sollicitations recommencent de plus belles. Nouvelles malices d'Annette envers ses trop curieuses compagnes qu'elle tient longtemps le bec dans l'eau. Elle cèdera pourtant, elle chantera, — ni plus ni moins, — le premier couplet de son compliment : « mais, ajoute-t-elle, vous savez que j'aime la danse; promettez-moi donc, si je vous le chante, de danser ensuite avec moi *la jolie danse de la fée.* »

Mais la fée manque. Annette se charge de la procurer au plus vite — et la voilà qui part comme l'éclair, pendant que les autres bergères, en son absence, louent les bonnes façons et le bon cœur de la petite fillette.

Chut ! ! ! des cris ! ! des éclats de joie ! ! De longues fusées de rire qui sont lancées, à distance, derrière les coulisses ! ! La troupe, en frais de gaieté, se rapproche ! ! Voilà les éclats de rire qui vous tombent dessus comme une pluie d'étoiles ; nombreux, rapides, étincelants comme un feu d'artifice.

Oh ! la fée ! la fée ! voilà la fée ! ! Tout autour d'elle un brillant cortège de suivantes, tenant, qui, les pans de sa robe traînante, qui, les coins de son manteau aérien. Représentée par Mlle Thérèse Camps, la fée, majestueuse comme une autre Calypso, les dépasse de toute sa tête qu'entoure une belle couronne de blanches fleurs.

Elle marche et tout s'incline sur son passage. Elle parle ! silence ! « Je suis la reine des champs et des bois. » A ce mot, la troupe entière faisant face à la reine, et l'honorant d'une profonde révérence : « Salut, disent-elles, à la reine des champs et des bois. — Je suis la souveraine de l'azur et de l'onde ! » — Avec une révérence plus profonde, la troupe s'incline de nouveau : « Salut à la souveraine de l'azur et de l'onde. — Je suis la déesse de la joie et des ris ! — Hi ! hi ! hi ! » — Les rires éclatent perlés, sonores, carillonnants comme des milliers de grelots d'argent.

« Je suis la fée, la belle fée de blanches fleurs coiffée. Je suis la fée Godichon ayant le don de faire danser les fillettes en rond. » — Et toutes de répondre : « Chantons, dansons en l'honneur de la fée. »

En un clin d'œil, les mains s'enlacent, le rondeau se forme, tourne, galope, tourbillonne autour de la fée, dont la baguette enchanteresse semble commander à sa guise les vertigineuses évolutions du groupe impétueux. Si la danse est rapide, la musique ne l'est pas moins ; à mesure que la ronde se poursuit, le rythme s'accélère et se précipite : ce sont des cascades de notes et de paroles tombant en avalanches, roulant à flots amoncelés ; c'est un brillant manége, où danse et musique obéissent au même ressort magique qui les fait tournoyer à l'avenant.

RONDEAU

Refrain : Salut à notre fée,
De belles fleurs coiffée.
Salut, ô fée Godichon,
Ron ron,
Qui fait danser *(ter)* les fillettes en rond.

1er Couplet

Le soir dans la vallée
Toute d'ombre voilée,
Notre fée *(ter)*
Bis { Comme biche aux abois,
Va courant champs et bois,
Parfois *(bis)*. Salut, etc. }

2e

Gracieuse hirondelle,
Elle vole comme elle,
Et son aile *(ter)*
Bis { Digne émule du vent,
Prend sur lui le devant
Souvent *(bis)*. Salut, etc. }

Mais la reine des fées ne saurait être d'humeur à s'attarder avec de simples mortels, fussent-ils ses sujets les plus dévoués. Sa nature supérieure l'appelle à de plus hautes régions. C'est assez de grâce et de complaisance ; à montrer plus de faveur, sa dignité serait compromise. Elle interrompt soudain la danse et le chant.

« La fée est satisfaite, dit-elle avec emphase. L'accueil a été triomphal. Ainsi partout sur mon passage les cœurs s'ouvrent à l'allégresse. Je suis la déesse de l'enthousiasme et des enchantements universels. Continuez vos hommages à la reine des fées. Je pars. D'autres triomphes m'attendent en d'autres lieux. »

Et pendant que le chœur répète le refrain : « Salut à notre fée, » celle-ci, majestueuse, avec son grand air de reine, descend les degrés du théâtre, traverse noblement les rangs de la foule, distribuant, d'ici de là, avec une souple élégance, des sourires et des saluts qu'elle sait orner d'une grâce particulièrement exquise en passant devant le rang des ecclésiastiques présents à la fête.

fête. Et cependant, au départ de la fée, le chœur continue à chanter :

3e

Dans sa grâce légère
Elle rase la terre,
Et fière *(ter)*
Bis { Dans les plaines de l'air
Brille comme l'éclair
Si clair *(bis)*. Salut etc. }

A ce moment, la fée est arrivée sur le seuil de la porte de sortie. Elle se retourne alors vers la troupe des danseuses, les salue de la main, à deux et trois reprises, avec son plus aimable sourire ; elle sort, disparaît, s'évanouit. Et le chœur de continuer son exercice. Mais cette fois, la ronde se ralentit, les voix s'éteignent. Il est temps de finir. Décidément le cœur n'est plus à la joie. L'on ne chante et l'on ne danse plus qu'à regret.

4e

Car elle est disparue ;
Dans l'ombre de la nue,
On l'a vue *(ter)*
Bis { Nous faisant des adieux
Charmants comme les cieux
Tout bleus ! *(bis)* }

Toute cette partie de la pièce a été singulièrement réjouissante ; elle a été rendue avec une intelligence, un naturel, un entrain, une perfection que n'auraient pas désavoués, certes, les artistes les mieux exercées.

La scène change : des émotions plus calmes, plus douces, mais plus pénétrantes dans leur douceur, vont succéder à ces explosions de joie provoquées par le spectacle divertissant d'une situation fantastique.

Après avoir satisfait aux caprices d'Annette réclamant pour prix de son secret la folle danse de la fée, les bergères se préoccupent sérieusement du choix et de la préparation de leurs offrandes. A cet effet, elles partent, avec promesse de revenir bientôt.

Annette, restée seule sur la scène, se livre à un monologue des plus intéressants : « Ah ! dit-elle, si j'avais donné, moi, la plus jeune, l'idée de faire des cadeaux, Annette, la petite Annette n'aurait pas été si bête ! Mais pourtant, réflexion faite, l'idée ne va-t-elle pas se tourner contre moi ! Ne vais-je pas payer cher mon indiscrétion ? Si mes compagnes préparent des cadeaux supérieurs au mien ! Pauvre Annette, tu vas être bien triste et bien humiliée ! »

Ah ! ce serait pis encore si ces perfides compagnes allaient seules et sans elle présenter au bon pasteur leurs cadeaux de fête ! ! Seraient-elles assez lâches pour la trahir à ce point ?

Et tandis qu'Annette s'embrouille et se débrouille avec ces problèmes qui trottent dans sa petite tête, Clémentine accourt pour la tirer de peine :

« Ta maman, lui dit-elle, te réclame, et tout d'abord. — Tout d'abord ! et qu'y a-t-il de si pressé ? — Il y a que Germaine et ses compagnes sont avec elle et qu'elles m'ont paru très affairées et très joyeuses. »

Annette tient aussitôt la clef de l'énigme ; on prépare sans doute les cadeaux....

« Je pars, ajoute-t-elle ; et surtout, Clémentine, ne t'ennuie pas en mon absence. — Oh ! je saurai me distraire ! » répond celle-ci.

Et quelle distraction la chère enfant ne va-t-elle pas se donner, délicieuse pour elle, s'il faut l'en croire ; mais combien plus délicieuse, à coup sûr, pour un public bien éloigné de s'attendre à pareille fête !

Clémentine est à genoux. Elle prie ! Elle chante ! Sa prière est une invocation. Elle implore la protection de la bonne Vierge Marie. Elle lui demande, elle la supplie de vouloir conserver encore et longtemps à des enfants chéris les jours d'un père bien-aimé. Cette prière est une œuvre musicale d'une valeur incontestable, si l'on en juge par l'effet considérable qu'elle a produit. En tout cas, c'est bien l'œuvre de l'amitié. L'accent de la piété filiale s'y révèle avec une intensité de sentiment qui provoque les plus poignantes émotions. Sans doute, elle a été composée sous l'influence des alarmes récentes causées par la grave maladie du bon pasteur et par les menaces de mort qui ont plané, de si longs et de si cruels jours, sur une tête aussi chère.

Clémentine exprimera donc ses souhaits de fête à l'heureux vieillard, en lui chantant, à genoux, comme elle va le faire, cette invocation si pieuse, si touchante qu'elle en est elle-même toute attendrie. Aussi met-elle toute son âme à cet exercice préparatoire. A la voir ainsi modestement agenouillée, les mains jointes et collées à son cœur, les yeux levés vers le ciel, de grands yeux purs où semble perler une larme brillante comme une goutte de rosée, la tête légèrement inclinée sur l'épaule, le visage pâle, ému dans la ferveur de l'extase... on dirait une créature évangélique sous une forme humaine; et l'illusion, le charme de l'illusion reste complet quand vous entendez les sons de cette voix si pure, si caressante, si mélodieuse qu'on serait tenté de la prendre pour la lyre d'un ange et pour le chant d'un séraphin.

Ecoutez :

O toi, du haut du ciel,
Bonne Vierge Marie !
En ce jour solennel,
Sur la fête chérie
Laisse tomber ton regard maternel.
Au banquet de la vie,
Daigne en notre faveur,
Daigne garder, Mère chérie,
Bis. {Daigne garder encor / Daigne garder longtemps} le bien-aimé pasteur.

Comment donner une idée de ce chant qui a tant ému l'assistance ! Comment raconter la merveille de son exécution !

Au début de l'invocation, la phrase musicale reste grave et mystérieuse comme un chant d'église. Complète avec les deux premiers vers, la pensée mélodique se répète, au troisième, avec une variante ménagée pour donner à la voix plus d'ampleur et de puissance en accentuant les paroles du 4e vers : « Sur la fête chérie », après quoi, l'air reprend son allure primitive, et la période s'achève, douce et grave, à la fin du 5e vers, où la voix se repose comme pour se préparer aux efforts qui l'attendent à la seconde partie de l'invocation.

En effet, une physionomie nouvelle, indiquée par un changement d'harmonie, se révèle dans le caractère du morceau. Le chant devient plus vif, l'accent plus animé, la voix s'échauffe, le cœur se met de la partie; cœur et voix concourent à rendre plus sensible et plus émouvante l'expression des derniers vœux. On sent que la prière monte, monte encore, et que la voix s'élève graduellement avec elle. On dirait qu'à ce jeu, l'habile artiste semble essayer ses forces, jusqu'à ce que, préparée par cet exercice, ou plutôt excitée par un dernier élan d'enthousiasme à la reprise du dernier vers : « Daigne garder longtemps, » elle jette, dans une gamme supérieure, une exclamation magnifique, une note ravissante qu'elle tient suspendue *longtemps* sur l'auditoire immobile, haletant d'admiration. La prière touche à sa fin; la voix trouve encore assez de force pour accentuer délicieusement ces dernières paroles : « Le bien-aimé pasteur. » A les répéter, le souffle épuisé s'achève, expire et s'éteint.

L'enthousiasme, longtemps contenu, jaillit, éclate. Un tonnerre d'applaudissements accueille et reçoit le dernier soupir de ce chant pieux, qui laisse dans les âmes je ne sais quelle impression de bonheur indéfinissable. « Jamais, disait une dame, jamais théâtre, ni belles voix d'artistes ne m'ont empoignée de cette façon. »

« On se souviendra, dit encore le *Bulletin Catholique*, on se souviendra longtemps à Nay de cette prière dite à genoux par une jeune enfant, avec un accent de piété remarquable, avec une voix tout angélique, dont les notes douces et mélodieuses laissèrent tous les cœurs émus et tous les yeux en larmes. »

Annette l'a entendue, cette prière. Elle rentre.

« Tu chantes, dit-elle à Clémentine !

— Oui, répond celle-ci, je chante.... et je prie à la fois. Mon chant est une prière et ma prière est un chant.

— Mais sais-tu, répond Annette, que ta prière chantée me pénétrait jusqu'au fond de l'âme ?

— Je l'ignore, dit Clémentine, mais elle partait, je te l'assure, du plus intime de mon cœur ! car, elle traduit à merveille les sentiments de tendresse et de piété filiale dont nous sommes animées, n'est-ce pas, à l'égard de notre vénéré pasteur et père !

— Et qui l'a composée, Clémentine, cette prière ?

— Oh ! sans doute un ami, mais un ami dévoué de notre bon pasteur, car il n'y a que l'amitié la plus vraie, la plus sensible qui puisse trouver de pareils accents. »

Et la spirituelle Annette d'ajouter aussitôt :

« Et il n'y a que ton cœur et ta voix pour les interpréter avec tant d'art et de sentiment. »

Le dialogue se continue, quelques instants encore, vif et charmant.

Puis, les bergères entrent, portant leurs cadeaux et chantant en chœur :

Ange du ciel, oh ! descends,
    Accours et prête
Tes mille attraits séduisants
    A ces présents.
Qu'ils soient un doux souvenir
    De cette fête !
Comme il est doux, le plaisir
    De les offrir !   Tra la la, etc.

La mère d'Annette, dont le rôle est joué par Mlle Marthe Dufaur, les accompagne et porte à la main un bouquet, mais un bouquet magnifique, à faire sécher de dépit toutes les Glycéra des temps anciens et modernes. Elle enseigne à sa fille la manière de l'offrir au bon pasteur, en lui faisant remarquer que les fleurs variées dont le bouquet se compose, sont l'image des vertus dont le vénéré pasteur sait si bien inspirer la pratique à son troupeau, par les exemples édifiants de sa vie.

L'intelligente Annette ayant appris la leçon de sa mère, en moins de temps qu'il n'en faut pour le dire, s'avance sur le devant de la scène, salue le public, et chante les couplets suivants, avec une grâce naïve et une variété de nuances habiles, qu'elle semble emprunter au bouquet qu'elle tient dans sa main :

1er COUPLET.

En ce beau jour de fête,
Je voudrais un cadeau,
Pour être satisfaite,
Qui fut bien beau, bien beau. } *Bis.*

2e COUPLET.

Mais petite est l'offrande.
Modeste est mon bouquet !
N'a pas valeur plus grande
Mon chant de perroquet. } *Bis.*

3e COUPLET.

Oh ! oui, c'est peu de chose
Ce que je puis offrir.
Des fleurs ! boutons de rose
Qui vont bientôt mourir. } *Bis.*

4e COUPLET.

Mais sûre de vous plaire,
Je sais une autre fleur,
La voici... tendre père,
C'est le don de mon cœur. } *Bis.*

5e COUPLET.

Vous aimer, à notre âge
On ne peut faire mieux !
Notre amour est le gage
De nos plus tendres vœux. } *Bis.*

6e COUPLET.

Ah ! vous êtes si belles,
Noces de diamant !
Bis. { Ne soyez point rebelles
Aux vœux d'un cœur aimant.

7e COUPLET.

Soyez longtemps encore
Le parfum de ces lieux.
Bis. { En attendant l'aurore
Qui nous appelle aux cieux.

8e COUPLET.

Là, remplis d'allégresse,
Au sein du vrai bonheur,
Bis. { Nous chanterons sans cesse :
Vive le bon pasteur !

Après de si gracieux débuts où les sentiments de toutes sont si gentîment interprétés, Jeanne jugeant qu'on ne saurait ni mieux dire, ni mieux faire, se contentera d'une simple parole : « Annette, dira-t-elle, vient de vous offrir, avec son bouquet, les plus belles fleurs de son parterre, et moi, je vous apporte, dans ma corbeille, les plus beaux fruits de mon jardin ! » — « Et moi, dira Blandine, toute fière du superbe gâteau qu'elle présente; et moi, la fine fleur de ma farine de froment. » — « Ceci ! bon pasteur, ajoutera Germaine en offrant du beau linge, très blanc et très fin, c'est le plus beau travail de ma quenouille et de mon fuseau ! » Geneviève éprouve le besoin de jeter sa note gaie dans la présentation des offrandes. Elle dira donc au père souriant et bien-aimé — non, elle chantera plutôt sur un air vulgaire et connu :

Vous, si bon, si complaisant,
Agréez pour mon présent.....

Et les autres compagnes de s'exclamer : « Ah ! nous devinons le reste ! » Et toutes de chanter joyeusement :

Le plus beau, beau, beau
Le plus fro, fro, fro
Le plus beau
Le plus fro
Le plus beau fromage
De tout le village.

« Pourvu qu'après cela, remarque Blandine, le fromage soit bien bon, ce sera parfait. » — « Allez, allez, répond Geneviève je m'y entends, il est de première qualité. »

« Mais après l'offrande joyeuse de nos cadeaux, ne serait-il pas convenable, dit Blandine, de profiter de l'occasion pour exprimer à notre bien-aimé pasteur et père les sentiments de piété filiale que réveille dans nos âmes ce beau jour de ses noces de diamant ? » — « Sans doute, mais qui se chargera de ce rôle ?... »

Toutes se refusent à l'honneur difficile de le remplir. Pourtant à défaut des autres, après quelques moments d'hésitation, Jeanne se dévoue ; elle accepte le péril et la gloire de la démarche :

« A défaut d'éloquence, dit-elle, mon cœur parlera. Je ne serai point embarrassée, si j'ai le cœur à mon service. Et tout simplement, je m'exprimerai en ces termes :

« O bon Pasteur, voilà les modestes cadeaux que nous vous avons préparés et que nous vous offrons bien volontiers; mais, avec eux, nous vous prions de vouloir accepter aussi les sentiments d'amour et de reconnaissance et le témoignage de piété filiale que j'ai l'honneur et le bonheur de vous exprimer au nom de toutes mes compagnes.

« Si nos offrandes vous sont agréables, ô bon père, daignez nous récompenser au-delà de nos mérites, en nous permettant d'espérer de vous, longtemps encore et toujours, la continuation de cette tendresse dont nous avons déjà reçu de si touchants et de si nombreux témoignages.

« Veuillez surtout nous accorder à toutes cette bénédiction paternelle, qu'en ce beau jour de vos noces de diamant, nous regardons comme une faveur exceptionnelle qui laissera dans nos âmes un parfum précieux dont les années ne parviendront jamais à effacer la trace ou à éteindre le souvenir. »

Et toutes d'applaudir à ce beau langage de Geneviève — qui parle comme un livre, — et de réclamer incontinent la répétition de la Cantate composée pour la circonstance et finissant précisément par ces mots : « O bon pasteur, bénissez-nous. »

Mais..... mais..... mais ! quel est cet agneau bêlant qui entre en scène, tout enrubanné ? Est-il donc aimable et joli, cet innocent quadrupède, avec sa laine floconneuse et blanche comme neige ! Quelle est cette charmante escorte d'honneur qui l'accompagne ? Quel est ce gentil groupe de petites filles, tout de blanc habillées, dont le babil est agréable comme le chant de jeunes fauvettes qui quittent leur nid pour la première fois ? Ce sont :

Mlles Emilienne Doassans.
Marie Lacq.
Clémence Lacadé.
Marthe Condou.
Sophie Escoubès.
Jeanne Bourgeacq.

Sont-elles donc aimables, ces mignonnes fillettes, qui veulent, elles aussi, présenter leur vivant cadeau de fête à leur bon vieux papa qui les aime beaucoup ! Sont-elles intelligentes, animées, intéressantes dans l'interprétation de leurs petits rôles qu'elles disent avec si bonne mine et de si bonne façon !

Mais notre petit drôle, le blanc agneau, qui se voit entouré de caresses et d'honneurs comme un petit prince, ne vous semble-t-il pas qu'il tient bien son personnage — et son rôle aussi — lorsque, à la fin de chaque tirade — pas plus tôt ni plus tard — c'est d'une éducation parfaite, — il arrive avec son invariable et doux *mè-mè*, comme pour applaudir, chaque fois, à tout ce qui se dit autour de lui.

O charme des scènes innocentes ! Comme elles délassent l'esprit ! Comme elles font du bien au cœur ! Et que l'on se plaît à bénir cette divine maîtresse de l'enfance et de tous les âges, cette aimable et sainte religion du bon Jésus, qui sait se prêter à ces jeux enfantins pour les embellir d'une grâce toute céleste, et les pénétrer de l'arôme de sa charité !

L'aimable groupe de bébés a débité gracieusement les jolies choses qu'elles avaient apprises pour la fête du bon pasteur. L'innocente bête — pas si bête qu'elle en a l'air — a fait, elle aussi, bonne figure sur la scène, en s'acquittant à merveille de son rôle monosyllabique.

Et nos petites espiègles gazouilleraient encore, et l'agneau bêlerait au besoin, et la pièce se continuerait encore sans autres ressources que les richesses d'un heureux naturel. Mais, adieu, charmante petite troupe, allez prendre vos ébats, nous vous reverrons encore. Il est temps de laisser à vos aînées impatientes la place que vous occupez et qu'elles réclament, pour recueillir, après vous, cette fois, les nouveaux triomphes qui les attendent. Et les charmantes fillettes, emmenant l'agneau qui bêle de joie ou de chagrin — je ne le sais, — s'en vont, elles aussi, poussant de petits cris d'hirondelle qui réjouissent l'auditoire.

En même temps, les chanteuses, en grand nombre, gravissent les degrés du théâtre et prennent leurs positions respectives pour la répétition de la Cantate, œuvre de M. l'abbé Guichemans. L'auteur lui-même, allant se placer au milieu du chœur, a voulu présider à l'exécution de son morceau, d'autant que la succession fréquente des chœurs et des soli, les changements de ton et de mesure, les combinaisons de parties harmoniques et d'unisson, les nuances, la fugue, les reprises qui s'y rencontrent à chaque pas, font de cette œuvre une composition musicale très vivante et très mouvementée. La mélodie en est naturelle d'un bout à l'autre, et brillante à la fois. Elle s'adapte et s'identifie sans effort aux sentiments qu'elle doit exprimer. Dans son ensemble, elle est comme un poème dont l'action principale, à travers des incidents variés, laissant des impressions diverses, marche droit à son but, qui est, comme celui de l'éloquence, de plaire et de toucher.

Ce but a été atteint, s'il en faut juger par l'accueil fait à cette œuvre par le public ! L'accueil, en effet, a été des plus enthousiastes.

Il est vrai que l'exécution en a été parfaite. Pas une note indiscrète ou discordante dans les chœurs..... Pas d'hésitation, pas d'incertitude dans les reprises, ni avance, ni retard dans la mesure, ni intempérance, ni confusion dans les voix. Justesse de ton, sûreté d'exécution, harmonie de l'ensemble, l'art des solistes, rien n'a manqué de tout ce qui peut contribuer à la réussite d'un morceau qui paraissait pourtant ne pas être exempt de difficultés !

Et dire que cette partie du programme aussi bien que les autres, pour être si bien réussies avec le concours de tant de jeunes artistes, appelées en toute hâte, et presque au hasard, n'ont demandé — elles ne pouvaient obtenir davantage — que trois ou quatre jours d'études et d'exercices préparatoires.

Ce serait à ne pas y croire, si l'on ne connaissait la vive intelligence de cette jeunesse d'élite, et si l'on ne savait que le sol nayais fut toujours, comme il l'est encore, et comme il le restera, la terre classique des bonnes volontés et des..... bonnes voix.

L'admirable chœur des chanteuses de la paroisse avait fait merveille à l'occasion des noces d'or de M. le Doyen. Il avait jeté le plus grand éclat sur cette brillante fête.

Qu'on dise que ce chœur a dégénéré..... que les belles voix ont disparu ! Mlles Mélanie Camy et Marie Gibert, si remarquables solistes, et la troupe si nombreuse de leurs compagnes de chant dont on a si justement admiré et applaudi le talent, prouveraient surabondamment qu'au point de vue de l'art et des aptitudes musicales, elles maintiennent avec honneur les glorieuses traditions de leurs aînées.

Aussi, M. l'abbé Guichemans interprète les justes sentiments de la population, lorsque, après l'exécution de la cantate, en termes bien sentis, il les remercie « du brillant concours qu'elles ont apporté à cette fête, si digne, à tous égards, d'avoir sa belle page dans les annales ecclésiastiques du diocèse et dans les fastes de l'église de Nay. » Et il ajoute en parlant à l'auditoire : « Vous avez entendu et applaudi l'interprétation de la pièce intitulée : *Cadeaux de noces*, et composée tout exprès pour la circonstance. Il reste, comme pendant de la pièce, une poésie inspirée, elle aussi, par la même circonstance et qui a pour titre : *Parfum de fête.* J'ai l'honneur de me mettre à la disposition de l'auditoire, et de lui demander s'il en désire ou la lecture ou le chant. » — « L'un et l'autre, s'il vous plaît, » répond une voix, puis une autre, puis une autre, et enfin toute l'assemblée. Souriant à cette réponse inattendue, Monsieur le curé de St-Médard, avec une humeur plus béarnaise encore que britannique : « Votre réponse, dit-il, me rappelle une anecdote de ma vie.

« C'était un Basque : il était malade ; j'étais son infirmier ; nous étions condisciples.

« Or, à titre d'infirmier, je parcourais les grandes salles des dortoirs, portant en main deux immenses cafetières de tisanes.

« Et comme je passais devant l'alcôve de notre Basque malade : — Monsieur X..., de quelle tisane voulez-vous, lui dis-je, de la tisane avec du lait ou de la tisane avec du miel ? Et le Basque de répondre : « Des deux pour ne pas vous tromper. »

La réponse du Basque provoque l'hilarité générale, et M. l'abbé Guichemans d'ajouter immédiatement : « Il n'y a pas que les Basques malades pour avoir de l'esprit ! Malades ou bien portants, les Béarnais en ont toujours : *L'une et l'autre, s'il vous plaît.* » Et la lecture de la pièce commence.

Le lecteur, qui n'en est pas à son premier coup d'essai, trouve une diction particulière pour chaque strophe. Aussi, chacune de ses paroles est comme un parfum répandu sur l'auditoire qui le respire avec délices. C'est à peine si l'on attend la fin d'une période pour l'applaudir à outrance. Mais qu'applaudit-on ? L'œuvre poétique en elle-même, ou l'artiste, ou l'ami dévoué du cher pasteur que l'on fête, ou l'ancien vicaire de la paroisse, lequel par ses qualités, et surtout son dévouement, aux mauvais jours de l'épidémie cholérique, sut entrer si bien dans l'estime et dans le cœur de la population, qu'après plus de trente ans, le nom de M. l'abbé Guichemans y reste aussi populaire, aussi sympathique qu'aux premiers beaux jours de son vicariat.

Cette sympathie s'affirme et s'accentue surtout lorsque, à la fin de la lecture, l'auteur de la poésie, repliant la feuille qu'il tient dans ses mains, semble vouloir arrêter là l'exécution de son rôle. Le public, qui le tient, ne le laisse pas échapper de sitôt. « Le chant ! le chant ! s'il vous plaît, » s'écrie-t-on de toutes parts. En vain, M. l'abbé Guichemans met-il en avant le prétexte de sa voix qui n'est, dit-il, qu'une ruine, et l'avantage qu'il y aurait à rester sous le charme des voix merveilleuses qu'on vient d'entendre et qui résonnent encore dans les âmes comme autant d'échos célestes. Toutes les excuses ne font qu'aviver les réclamations de l'assemblée, qui redemande *son chant* avec de nouvelles instances. Et le bon curé s'exécute, à la grande joie de tout le monde, qui s'accorde à dire que la fête ne pouvait trouver un plus digne couronnement.

Cependant tout n'en est pas fini avec l'imprévu.

Profitant des bonnes dispositions de l'assemblée, M. l'abbé Guichemans met en avant le projet d'une manifestation générale ayant, cette fois-ci, pour théâtre, la place qui s'étend devant la maison presbytérale, de manière qu'il soit permis à l'heureux convalescent, sans avoir à quitter l'intérieur de la maison, de jouir à la fois de la beauté du spectacle et de son propre triomphe.

La proposition de M. le curé de St-Médard n'est pas plus tôt exprimée qu'on se met en devoir de la réaliser.

Les jeunes actrices, en leur costume de bergères, et portant leurs cadeaux, marchent en tête du cortège, que suivent, sur deux longues files, les nombreuses élèves des Filles de la Croix ; et à droite et à gauche, en tête et en queue, c'est le grand public qui se presse pour aller choisir la bonne place qui lui permettra d'assister avec plus d'aise et de jouissance à l'exécution de cette dernière partie du programme. Hâtons-nous de dire que pour avoir été absolument improvisée, cette clôture de la fête n'en a été ni moins attrayante, ni moins bien réussie que tout le reste. A la foule des personnes qui sont parties de l'établissement des Filles de la Croix, s'ajoutait bon nombre de gens, instruits, au passage, de la manifestation projetée. En un clin d'œil, la place du presbytère, le porche de l'église et l'église elle-même qui s'élèvent en face de la maison presbytérale sont assiégés d'une multitude avide de fournir sa part de concours au triomphe du bien-aimé pasteur.

C'était d'un ravissant spectacle !

Jugez vous-même du tableau.

La maison presbytérale a sur sa façade nord, vis-à-vis la grande entrée de l'église, au-dessus du rez-de-chaussée, une galerie couverte, une sorte de promenoir intérieur, ajouré de petites fenêtres de forme ogivale, donnant vue sur la place. A cette galerie se trouve élégamment adossé le monument aux dessins gothiques, qui supporte la belle statue de la Sainte Vierge que l'on continue d'appeler la Vierge du choléra. C'est qu'au moment où le terrible fléau sévissait avec le plus de fureur dans toute la contrée, mais surtout dans la ville de Nay, la population de cette cité, toujours si religieuse, eut la pieuse inspiration d'élever des autels publics dans chaque quartier de la ville ; et là, chaque soir, pendant neuf jours consécutifs, jusqu'à une heure avancée de la nuit, à la lueur de mille flambeaux qui donnaient à ce spectacle de la prière vivante, un caractère de grandeur et de piété indéfinissables, tous les habitants du quartier s'y donnaient rendez-vous, tant pour la récitation du Rosaire que pour le chant des Litanies et des cantiques appropriés à la circonstance. Heureuse diversion aux deuils récents, aux alarmes incessantes ! supplications fructueuses qui furent suivies de l'apaisement d'abord, et, bientôt après, de la cessation complète de l'épidémie cholérique. De là naquit, au cœur de la cité reconnaissante, la dévote idée d'un monument commémoratif en l'honneur de la Bonne Vierge, qui venait de lui donner un si haut témoignage de sa salutaire protection.

Pour en revenir à notre tableau, la statue de la Sainte Vierge, d'un sombre clair, est montée sur un socle très gracieux en marbre de Louvie, qui porte, encadrées dans de riches moulures, les inscriptions suivantes :

O Maria ! O Nomen sub quo nemini desperandum ! ! Mater ! Salus ! Consolatrix auxilium ! Refugium ! Sine labe Concepta !

NAY, *Ex-voto* MDCCCLVI. *Parocho* J. P. M. BATCAVE. *Laus Deo.*

Le socle de la statue est entouré lui-même d'un parterre de fleurs soigneusement entretenu par la piété des fidèles et que préserve de toute dégradation une grille en fer d'un très beau travail. En face de la statue, se dresse majestueusement le grand porche de l'église, avec son portail magnifique et son auvent, qui le surplombe, mais à une hauteur assez considérable pour laisser à l'entrée du lieu saint toute son élégance et toute sa majesté. A droite et à gauche, c'est la place qui tourne autour de l'église, sous un berceau de verdure formée par les branches entrelacées d'acacias nains, plantés sur les deux côtés de l'allée mystérieuse et recueillie.

Est-il vrai que la maison affectée aujourd'hui à l'habitation du clergé paroissial eût autrefois servi de résidence aux Pères Récollets, comme la tradition le rapporte ? A voir la structure de l'édifice, avec sa tour ronde et son escalier de pierre, en spirale, on serait tenté de le croire, comme on inclinerait à penser que la promenade qui l'avoisine, jadis fermée à ses deux extrémités, était, ni plus ni moins, le cloître ou le promenoir des bons religieux.

C'est donc là le nouveau théâtre de la démonstration qui se prépare.

La foule joyeuse se presse de tous côtés. Les rangs s'épaississent à vue d'œil ; il faut pourtant les ouvrir pour livrer passage à la voiture qui vient déposer aux pieds de la statue de la Ste Vierge les petites fillettes et leur compagnon inséparable, le tendre et fidèle agneau, qui commence, en touchant le sol, à trahir son émotion par un premier bêlement bientôt suivi de plusieurs autres. Mais la voiture ! eh ! pourquoi la voiture, à la troupe agile, éveillée des petites fringantes demoiselles et de leur fringant damoiseau, non moins alerte qu'elles-mêmes ?

Ah ! ne leur fallait-il pas épargner les éclaboussures d'un chemin détrempé par la pluie torrentielle du jour et de la veille ? et la route salissante n'aurait-elle pas altéré, plus ou moins, la blancheur immaculée de leur brillante parure ?

Cependant le ciel, jusqu'alors impitoyable, inclément, se décida, par une faveur subite, à arrêter le torrent diluvien de ses inondations, comme pour prêter à la clôture de la fête, en plein air, le concours d'une éclaircie très opportune.

Déjà le chœur des chanteuses, distribué en trois groupes, a pris place, sous le porche de l'église, autour du magnifique harmonium de la paroisse, dont les sons brillants et mélodieux commencent à jeter sur la foule des flots d'allégresse et d'harmonie.

Bientôt, à la galerie ouverte du presbytère, apparaît la douce et majestueuse figure du vénéré doyen, entouré de ses vicaires, de M. l'abbé André Dupont, et autres curés du canton invités à la fête.

Le bel instrument n'a pas plus tôt achevé les dernières notes de son prélude, que la superbe voix de Mlle Camy se fait entendre, accentuant à merveille, avec un réel à propos, ces paroles d'un chant composé pour la circonstance :

Non, rien n'est comparable
A ce front vénérable
Si plein de majesté ;
Il reflète du juste
Et le sourire auguste
Et la sérénité *(bis)*.

Et la population tout entière répond par le refrain dont elle a entendu et retenu la douce mélodie : *Tressons une couronne, etc.*

Animées par ce début qui met tous les cœurs en mouvement, les petites filles — et l'agneau avec — débitent leur aimable saynète avec autant de grâce que d'entrain. Les gazouillements de ces voix enfantines amusent la foule et réjouissent le bon papa qui les écoute, de sa fenêtre, avec des encouragements et des sourires particulièrement affectueux.

C'est le tour des bergères, qui s'avancent jusqu'aux pieds de la statue de la Sainte Vierge et répètent en chœur les strophes de leur pièce, en la faisant précéder d'un couplet spécial improvisé sur l'heure pour appeler sur le pasteur et leurs cadeaux de fête, les bénédictions de la reine des Cieux.

Ces chants étant terminés, Jeanne, désignée d'avance, pour être l'interprète de ses compagnes, s'adresse à M. le Doyen, et d'une voix forte, quoique tremblante d'émotion :

« Bien-aimé et vénéré Pasteur, dit-elle, si vous pouviez lire dans nos cœurs, vous y verriez les grandes et salutaires impressions que ce beau jour de votre fête a le don d'y réveiller en nous communiquant les jouissances les plus pures et les plus suaves de notre vie.

« C'est que notre tendresse et notre piété filiale tressaillent au contact de votre amour paternel que l'âge semble rajeunir. C'est que notre reconnaissance s'anime et s'exalte au souvenir de vos bienfaits, dont la mesure dépasse les limites de notre pauvre intelligence.

« Il ne nous appartient pas d'apprécier, à leur juste valeur, les succès éclatants de votre ministère, et les fruits merveilleux de grâce et de salut qu'il n'a cessé d'opérer au milieu de nous. Serait-il facile de trouver une carrière sacerdotale, je ne dirai pas plus longue, mais plus fructueuse et plus honorable que la vôtre? Oh !

de ces belles soixante années passées tout entières au service du Seigneur, avec un dévoûment inaltérable ! quel trésor de mérites, mais quel admirable concert de louanges et de remerciments n'en revient-il pas à votre auguste personne? Et du concours de ces mérites et de ces louanges, n'en vois-je pas resplendir autour de votre front comme une couronne glorieuse, à laquelle l'auréole de la vieillesse vient ajouter une splendeur exceptionnelle ?

« Filles aimantes et dévouées, nous nous félicitons avec un juste orgueil de la haute considération qui s'attache à la personne et aux œuvres de notre auguste père. Nous n'avons garde d'oublier que nous avons été les fruits les plus cultivés de son apostolat, comme nous sommes les objets privilégiés de sa tendresse.

« Incapables de traduire notre commune gratitude, nous prions le Ciel de venir à notre aide, et d'exaucer nos vœux les plus chers, en prolongeant, au delà des bornes ordinaires, les jours si précieux de votre vie.

« En attendant, bien-aimé pasteur, daignez agréer ces chants, ces fêtes, ces transports, ces honneurs qui sont autant de témoignages de la reconnaissance et de l'allégresse dont vous êtes le si digne objet.

« Laissez-nous croire que ces manifestations de notre joie parviennent à réjouir le cœur d'un père si sensible lui-même au bonheur de ses enfants.

« Et avec le même abandon qui nous fait donner un caractère si joyeux à cette fête de famille, permettez à vos enfants de vous présenter les modestes cadeaux qu'elles vous ont préparés pour la circonstance.

« Que ce leur soit, en même temps, une heureuse occasion de solliciter et d'obtenir de votre bonté, cette bénédiction paternelle qui restera dans nos âmes comme le meilleur souvenir de ce grand jour. »

Et voilà que le chœur attaque à l'unisson, plein d'enthousiasme et d'entrain, les paroles et l'air de la Cantate dont le public a déjà saisi les principales mélodies. Tous chantent, tout le peuple est dans la joie. Et lorsque, à la fin du morceau, les voix puissantes de la basse font entendre le chant grave et religieux du *prosternez-vous*, toute l'assistance tombe à terre en répondant avec les autres parties..... *prosternons-nous*. — A ses genoux, reprend la basse..... — A ses genoux, répète à demi-voix le reste du chœur. — Et puis c'est une voix seule, douce et mélodieuse, qui dit, avec un accent d'émotion indescriptible : — O bon Pasteur ! — et tout le peuple d'ajouter : Bénissez-nous. — La même invocation se redit et se répète avec un crescendo de chaleur et d'intonation qui prête à cette scène un caractère des plus grandioses et des plus touchants.

Quel spectacle, en effet, plus émouvant que celui de cette population si chrétienne, prosternée sur le sol, dans un sentiment commun de piété, de vénération, de reconnaissance, attendant et recevant, comme une faveur céleste, cette bénédiction paternelle qu'elle sollicite à genoux, du plus tendre et du plus aimé des pasteurs? Quelle émotion religieuse et pleine d'attendrissement ne s'empare pas de l'âme de tous, lorsque l'auguste vieillard, ému lui-même jusqu'aux larmes, lève par trois fois sa main tremblante pour appeler les grâces de la Très Sainte Trinité sur le troupeau béni dont il reçoit des preuves si touchantes d'affection et de dévouement. La scène est vraiment ineffable de douceur et de majesté ; mais on sent qu'une parole chaude, vibrante, s'inspirant de la circonstance, mérite de lui donner un plus complet couronnement. La voix du pasteur est d'ailleurs trop faible pour dominer la foule et se déployer en plein air. A son défaut, M. l'abbé Guichemans, l'*alter ego* de son ancien curé, se charge de cette tâche, et il s'en acquitte, une fois de plus, à la grande satisfaction générale.

« Ecoutez, dit-il en s'adressant à la foule attentive et toute « joyeuse, ce semble, d'entendre une voix qui lui est si sympa- « thique ! A la fin d'une journée que vous avez su rendre si féconde « en émotions des plus agréables et des plus touchantes, après « cette série de manifestations plus intéressantes les unes que les « autres, qui donnent à ce jour de fête un caractère exceptionnel « de grandeur et de suavité, il n'y a qu'une parole, une seule qui « puisse jaillir de mon âme ; et cette parole est un cri du cœur, « *mais* d'un cœur ravi ! transporté d'enthousiasme ! Et ce cri, je le « jette tout ému vers le ciel et vers vous, en disant : Merci ! Oui, « merci du spectacle d'édification que vous avez donné aux anges « et aux hommes par ces démonstrations si joyeuses à la fois et si « religieuses de votre piété filiale ; merci des chants, des prières « et des vœux que vous avez prodigués à votre bien-aimé pasteur « et père, en ce beau jour de ses noces de diamant ; merci des « émotions si douces que vous lui avez procurées ; merci de tout « le plaisir que vous lui avez fait en lui témoignant avec tant « d'ardeur les sentiments de reconnaissance, d'amour et de

« dévouement qui pénètrent vos cœurs. Grâce à vos ferventes « supplications, déjà l'auguste vieillard a échappé, comme par pro-« dige aux attaques violentes d'une longue crise qui menaçait ses « jours. Ah ! puissent vos vœux encore lui procurer cette vigueur « de santé et cette prolongation de vie dont il a dépensé le meilleur « au service de cette paroisse qu'il aime, qu'il édifie et qu'il dirige, « depuis plus de quarante ans, avec tant de zèle, vous le savez. « Quarante ans ! oh ! la brillante carrière ! oh ! le fructueux minis-« tère ! Quarante ans ! quelle somme considérable de tendresse et « de dévouement ! Quelle riche moisson de mérites et de bonnes « œuvres accumulées en cet espace de temps !

« Mais aussi, peuple de Nay, peuple à l'intelligence si vive, au « cœur si bien fait, comme tu sais reconnaître admirablement le « mérite d'un tel dévouement, le prix de tant et de si glorieux « services ! Comme tu sais payer largement, à qui tu le dois, ton « magnifique tribut d'amour et de reconnaissance. Oh ! soyez donc « bénis, tous et chacun de vous de cette grande foi religieuse qui « vous distingue, et de cette haute piété filiale dont vous honorez « le plus digne des pasteurs. Soyez bénis dans vos âmes et dans « vos corps ; dans vos familles et dans votre cité, soyez bénis dans « vos joies et dans vos tristesses, soyez bénis toujours et partout. « C'est mon vœu le plus cher et le plus ardent ; c'est le vœu d'un « cœur ami qui vous connaît et vous aime depuis longtemps ; « c'est le vœu que je ne saurais mieux traduire que par ce cri de « l'enthousiasme et de l'amitié :

« Vive le bon peuple de Nay !

« Vive son bien-aimé pasteur ! »

Des vivats prolongés accueillent ces dernières paroles : on applaudit, on pleure d'émotion, on tressaille d'allégresse ; et quand l'aimable et joyeux tumulte a cessé, le chœur qui tient en réserve pour la clôture de la fête son chant le plus vif et le plus animé, en entonne le refrain : « *Vive le bon Pasteur !* » que toute la foule a bientôt appris et qu'elle répète avec un entrain dont chaque strophe vient accroître l'enthousiasme, tellement qu'après la manifestation un assistant s'écrie : « Vraiment, à telle fête nous serions restés avec plaisir jusqu'à demain matin. »

La présentation des cadeaux eut lieu dans l'intérieur du presbytère où l'aimable pasteur ménageait une abondante distribution de dragées aux grandes et aux petites actrices de la pièce.

« Ont-elles été charmantes ces noces de diamant ! Ont-elles été bien réussies ! » C'était le mot qui courait de bouche en bouche, c'était l'expression de l'enchantement universel.

En effet, jamais fête ne fut plus spontanée, ni plus gracieuse, ni plus aimable, ni couronnée d'un plus beau succès.

Elle laissera, comme son aînée de dix ans, des impressions inoubliables dans l'esprit et dans le cœur de la population nayaise.

Il ne l'oubliera pas non plus, l'auguste et fortuné vieillard qui se vit entouré, dans ce jour mémorable, de tant d'honneur, de respect et de sympathie.

O vous, noble vétéran du sacerdoce que nous honorons nous-même d'un culte de vénération, vivez, vivez encore, vivez longtemps pour le bonheur de vos chères ouailles, pour la joie de vos amis, pour l'honneur de l'Eglise et pour l'édification de tous.

Inutile de vous louer, vos œuvres sont votre plus belle louange.

Qu'elles prospèrent, qu'elles se développent de plus en plus sous votre tutelle et sous votre bénédiction !

Et vous, jeunes garçons de Nay, si riches d'intelligence et de cœur, bénissez à votre tour celui qui fut constamment le champion fidèle de votre éducation religieuse, celui qui fut et reste l'ange protecteur de ce bel établissement, où, sous les auspices de St-Joseph, trois enfants de votre cité, frères par la nature, la grâce, le sacerdoce et le dévouement, prodiguent chaque jour à l'enfance et à la jeunesse des trésors incomparables de science et de piété !

Bénissez votre bienfaiteur et père, maîtresses et élèves de cette magnifique Ecole chrétienne, fondée par lui, depuis longtemps, au prix de mille épreuves et des sacrifices les plus héroïques ! Bénissez votre bienfaiteur aussi, petits enfants de l'asile, vieillards infirmes de l'hospice à qui revient une si large part de sa tendresse et de ses bienfaits !

Continue à bénir ton pasteur, ô bon peuple de Nay ! Tu fus, n'est-ce pas ? l'enfant privilégié de sa tendresse, de son zèle et de son dévouement. Qu'il soit donc à jamais le digne objet de ton amour et de ta reconnaissance !

Un long article, consacré aux noces de diamant de M. l'abbé Batcave, a été publié dans le *Bulletin catholique* du 15 décembre dernier : écrit quelques jours seulement après les touchantes manifestations auxquelles l'auteur venait d'assister, il résume à souhait les divers incidents de la solennité et mérite d'être placé in-extenso sous les yeux de nos lecteurs :

Noces de diamant de M. le Doyen de Nay, célébrées le 27 Novembre 1889.

Le 27 du mois dernier, la ville de Nay était en fête. Aux larmes de tristesse amère que des craintes trop fondées avaient arrachées à bien des cœurs, succédaient les larmes plus douces de la reconnaissance et de la joie. Ce qu'on avait cessé d'espérer depuis trop longs mois, on le touchait à cette heure, on le tenait, la prière avait une fois de plus triomphé du ciel. Revenu pour ainsi dire, des portes du tombeau où l'avait conduit un mal redoutable, le vénéré pasteur reprenait insensiblement cette vigueur de corps et d'esprit qui naguère encore faisait l'étonnement de tous et qui semblait ne devoir jamais trahir sa verte vieillesse. Aussi, comptant sur les forces qu'allait doubler pour lui le bonheur de se revoir au milieu de son troupeau chéri, il n'avait pas hésité à déclarer qu'au jour soixantième anniversaire de son ordination sacerdotale, il célèbrerait ses noces de diamant, comme il avait, il y a déjà dix ans, célébré ses noces d'or. Dieu ne lui a pas refusé une si légitime jouissance.

En effet, le matin de ce jour, vers 7 h. 1/2, les cloches de l'église partaient à toute volée, et leurs joyeux carillons annonçaient à la paroisse que le pasteur bien aimé, sans redouter aucune défaillance, se disposait à remonter sur l'autel. La pluie tombait par torrents, les rues étaient inondées. Mais, rien n'était capable d'arrêter les Nayais dans l'élan de leur amour. En un rien de temps, la vaste nef était complètement envahie et ne suffisait presque plus à contenir la foule qui se pressait, avide et recueillie pourtant.

A 8 heures, apparut enfin le vénéré Doyen, portant les insignes de sa dignité de chanoine honoraire, et assisté de ses deux vicaires. L'émotion fut grande en ce moment, et bien des yeux s'emplirent de larmes.

Tous les regards se portaient avec anxiété sur le visage bien-aimé du père que le Seigneur avait conservé à l'affection de ses enfants. Sur ses traits un peu fatigués, mais non altérés par la maladie, chacun cherchait à lire ce qu'il y avait à craindre ou à espérer encore. Mais, son air de santé, ayant bientôt rassuré les plus alarmés, toute inquiétude disparut et l'on n'entendit plus que cette exclamation : Dieu nous l'a rendu, qu'il nous le garde longtemps !

Conduit à l'autel de Notre-Dame du Perpétuel-Secours, il revêtit promptement les habits sacerdotaux, et toujours assisté de ses vicaires, il commença le Saint-Sacrifice. Alors, commencèrent aussi des chants pieux, qui, pour avoir été préparés à la hâte, n'en furent pas moins bien exécutés par un chœur nombreux de jeunes filles. Ces chants, c'était M. l'abbé Guichemans, curé de St-Médard, qui les avait choisis et fait apprendre pour la circonstance. Ils remuèrent particulièrement l'assistance et la laissèrent sous le charme d'une impression dont la douceur avait quelque chose de céleste.

Après la Messe, M. le Doyen, ne craignant point de trop présumer de ses forces, se plaça au banc des Fabriciens, et de là, il put, d'une voix que l'émotion voilait un peu, remercier ses chers paroissiens qui lui donnaient, en ce jour, une preuve bien touchante de leur attachement constant, et dire un mot gracieux pour tous ceux qui, de près ou de loin, lui avaient témoigné leurs sympathies ; et ici, son ancien vicaire, M. l'abbé Guichemans, ne fut point oublié par le bon vieillard. Il ajouta encore, que dans la solitude où l'avait plongé la maladie, il n'avait jamais oublié de penser à ces chères âmes qui lui étaient confiées, et que, pour elles, il avait offert à Dieu les mérites de ses souffrances. Puis, faisant effort dans la voix, il s'écria : « Et maintenant, chers enfants, puissions-nous tous, prêtres et fidèles, arriver au ciel, et là célébrer ensemble avec l'Agneau, les noces éternelles, pendant les perpétuelles éternités. C'est le vœu bien ardent du pasteur qui vous bénit avec toute l'effusion de son cœur, vous, vos familles, la paroisse entière. Que cette bénédiction d'un père, d'un vieillard qui vous aime, vous porte à jamais bonheur ! » Levant alors sa main tremblante, le vénérable Doyen l'étendit sur les fronts inclinés, les bénit.

Il s'empresse de regagner le presbytère, laissant la foule profondément attendrie. Il était temps. Vivement impressionné lui-même, le cher pasteur n'aurait pu résister plus longtemps à de nouvelles émotions.

Mais tout n'était pas fini. Grâce au concours intelligent et dévoué de M. l'abbé Guichemans, la fête du soir couronna joyeusement la fête du matin.

En effet, malgré la pluie qui persistait à tomber, vers 2 heures de l'après-midi, l'on aurait vu une partie de la population se porter en masse chez les Sœurs de la Croix, et assiéger la grande salle de l'établissement. Bientôt après commencèrent les chants qui préludaient admirablement à la pièce qu'on allait jouer. Leur exécution fut si parfaite qu'au dire de connaisseurs, rien n'y manquait pour flatter l'oreille la plus délicate, la plus difficile ou la mieux exercée. A leur tour, les jeunes actrices ne le cédèrent en rien aux chanteuses, leurs compagnes. Elles interprétèrent le *Cadeau des Noces* avec tant de grâce et de naturel, que, maintes fois, elles provoquèrent des applaudissements unanimes.

On se souviendra longtemps, à Nay, de la prière dite à genoux par une jeune enfant, avec un accent de piété remarquable, avec une voix toute angélique dont les notes douces et mélodieuses laissèrent tous les cœurs émus et tous les yeux en larmes.

La pièce était intitulée : *Cadeaux de fête*, et les strophes, qui furent lues d'abord et qu'on chanta ensuite sur la demande du public, avaient pour titre : *Parfum de fête* (1) ; les voici :

Peuple, debout ! honneur au sacerdoce !
Quel est ce cri d'appel ? Quel est ce rendez-vous ?
De toutes parts on accourt à la noce
Qu'un vieillard glorieux célèbre parmi nous,
J'entends l'écho — déjà le ciel l'exauce —
Préluder à nos chants par ce refrain si doux :

Refrain.

Il sera suave et charmant,
Dans sa grâce parfaite,
Il sera suave et charmant,
Votre parfum de fête,
Belles noces (*ter*) de diamant.

Que vois-je ici ! Tout un peuple de frères,
Groupés comme un bouquet aux brillantes couleurs !
Roses et lys, embaumez les parterres !
Vous n'avez pas l'encens de ces vivantes fleurs.
O fleurs d'élite, à tant de cœurs si chères,
Vous prêtez à ce jour vos parfums les meilleurs.

Il est donc suave et charmant,
Dans sa grâce parfaite,
Il est donc suave et charmant,
Votre parfum de fête,
Belles noces (*ter*) de diamant.

(1) Nous avons dit plus haut que l'auteur de cette poésie était M. le curé de St-Médard ; ne le devinerait-on pas, d'ailleurs, en lisant ces vers si vibrants, si bien inspirés ? On sait également dans quelles aimables et flatteuses conditions M. l'abbé Guichemans dut lui-même en être et le déclamateur et le chanteur.

Hélas ! hélas ! de leurs ailes brisées
Et ma muse et ma voix éprouvant les regrets,
N'ont plus l'élan, ni les hautes visées
Pour prendre leur essor autant que je voudrais.
O voix ! ô luth ! vos cordes sont usées !
Mais toi, chante, mon cœur, toujours dispos et frais :

Oh ! qu'il est suave et charmant,
Dans sa grâce parfaite,
Oh ! qu'il est suave et charmant,
Votre parfum de fête,
Belles noces (*ter*) de diamant.

Il restera dans notre âme ravie,
L'immortel souvenir de ce jour bien-aimé.
Chacun peut-être au long cours de sa vie,
Voulant sécher des pleurs à son souffle embaumé,
Se redira, d'une voix attendrie,
L'aimable et doux refrain qui l'avait tant charmé :

Qu'il était suave et charmant,
Dans sa grâce parfaite,
Qu'il était suave et charmant,
Votre parfum de fête,
Belles noces (*ter*) de diamant.

Oh ! mes amis ! comme en un sanctuaire
Tout respire en ces lieux l'ivresse et le bonheur,
Comme on se plait à fêter un bon père,
Chantons à notre tour, chantons le bon pasteur.
Mais à nos chants, il faut une prière,
Partez donc, ô mes vœux, allez dire au Seigneur :

Nous implorons, ô Dieu clément,
Votre bonté parfaite,
Gardez, s'il vous plaît, longuement,
Leur doux parfum de fête,
A ces noces (*ter*) de diamant.

Le public était d'autant plus surpris qu'il n'ignorait pas combien court avait été le temps consacré à la préparation de ces chants et de la pièce. Aussi, n'y avait-il qu'un cri pour louer des efforts couronnés d'un si beau succès. On ne pouvait retenir l'expression d'une reconnaissance bien méritée envers celui qui s'était généreusement dépensé pour fêter l'aimable vieillard dont il a si longtemps partagé les pénibles labeurs. Les Nayais lui garderont le souvenir de ce qu'il a su faire en faveur de leur pasteur et surtout de la belle cantate qu'il avait composée pour la circonstance et qui clôtura si heureusement les amusements de cette délicieuse soirée.

Restait encore à porter les cadeaux des noces préparés par la piété naïve des enfants, sur l'invitation de M. le curé de St-Médard.

Les élèves des Sœurs suivies de tous les assistants, se rendirent sous le porche de l'église, en face du presbytère. Le temps, jusqu'à cette heure, opiniâtrement mauvais, s'était subitement calmé. Il fut donc permis à la foule de se répandre compacte et serrée sur l'ancien cimetière, afin de ne rien perdre de la scène touchante qui allait terminer la fête. Sous le porche, le chœur des chanteuses, entourant un harmonium, fort bien touché par Mme Fourcade, huit petites fillettes, habillées de blanc, tenant avec des rubans un charmant petit agneau enrubanné lui-même et pas mal étonné de se trouver en pareille solennité, la foule recueillie, quoique joyeuse, portant ses regards sur le promenoir du presbytère, où apparaît dans une croisée la tête blanche du vénéré pasteur, entouré de ses vicaires, et l'on aura une faible idée du tableau ravissant que présentait cette filiale manifestation. Au signal donné, les chants pieux et les souhaits recommencèrent avec un véritable enthousiasme. Incapable de maîtriser son émotion, le bon vieillard laissait tomber de grosses larmes de ses yeux, et de la main et du cœur, il saluait ses enfants.

En ce moment les fillettes qui menaient l'agneau, et celles plus grandes qui portaient les autres cadeaux, se détachèrent de l'assistance, comme un essaim, montèrent au presbytère et présentèrent tour à tour leurs offrandes, et avec un admirable ensemble la foule ne cessait de répéter ce refrain : *Vive, vive le bon pasteur !*

Quand les jeunes fillettes furent descendues, M. le curé de St-Médard prit la parole. D'une voix claire et vibrante, il résuma, dans une ardente prière lancée vers le ciel, les vœux et les souhaits de toute la population, et avec beaucoup de tact, il ajouta qu'il se permettait de se faire ainsi l'interprète de tous, parce que longtemps et sous la direction du père que l'on fêtait en ce jour, il avait été, pour le peuple de Nay, l'instrument des miséricordes du Seigneur.

Des applaudissements répétés lui prouvèrent qu'il ne s'était point trompé ; et la foule s'écoula heureuse de la joie de son pasteur et reconnaissante à Dieu, qui, contre toute espérance, lui avait conservé son père bien-aimé.

Tel est le compte-rendu fidèle d'une fête qui a laissé dans tous les cœurs d'impérissables souvenirs d'admiration et d'enthousiasme.

Et maintenant, nous arrivons au bout de notre tâche si agréable de chroniqueur ; elle sera terminée, lorsque nous aurons reproduit la poésie suivante, que nous avons eu la bonne fortune de pouvoir encore nous procurer et que nous devons, comme toutes les autres, aux ardentes inspirations, à la verve intarissable, au talent si apprécié, de M. le curé de St-Médard. Décidément, M. l'abbé Guichemans met toute son âme dans ses délicieuses compositions, de même que dans ses incessants et précieux services ; et la belle paroisse de Nay peut parler, avec autant de satisfaction que de reconnaissance, d'un ancien vicaire qui sait si bien rendre hommage au plus respectable, au plus digne, au plus vénéré des pasteurs.

Pour les noces de diamant de M. l'abbé Batcave, chanoine honoraire, curé-doyen de Nay

---

Souvenir du 27 Novembre 1889

Le temps, ô mes amis, quel âpre travailleur !
De nuit, de jour, constamment à la peine,
Farouche batailleur,
Guettant, luttant, frappant, sans perdre haleine,
Il poursuit de sa haine
Et le vieillard, fruit mûr, et l'enfant, jeune fleur.
Mais pour notre héros, le temps plein de tendresse
Est son ami, qui va, lui ménageant
Pour surcroit de noblesse,
Ce nimbe au front, auréole d'argent,
Où l'œil intelligent
Voit resplendir ces mots : « Honneur à la vieillesse ! »

Trop souvent on a vu poètes et rhéteurs,
Aux mauvais jours de l'art en décadence
De flots d'encens, et de flots d'éloquence
Dans leurs écrits menteurs,
O cynique impudence !

Honorer le veau d'or en vils adulateurs.
Reniant, à bon droit, cet excès de bassesse,
Donnons l'éloge à qui l'a mérité.
De vertu, de sagesse
Ta gloire est faite, ô vieillard respecté,
Aussi dans la cité
L'on n'entend que ces mots : « Honneur à la vieillesse ! »

✠

Admirez le vieux chêne, au front voisin des cieux,
J'ai vu, dit-il, au-dessus de ma tête,
J'ai vu passer la foudre et la tempête ;
L'ouragan furieux
Tournoyait à mon faîte,
Et mes flancs abritaient les nids silencieux.
Mais vous, parlez, ô nids d'infirmités humaines !
Tendres objets d'un paternel souci !
Faibles, parlez ; pauvres, parlez aussi.
A qui vient, les mains pleines
De baume pour vos peines
Et d'or pour vos besoins, dites : « Merci, merci ! »

✠

Frères, tout en ces lieux proclame sa bonté,
Tout nous redit les œuvres de son zèle ;
Pour voler haut, l'aigle élargit son aile ;
Ouvrant de son côté
Son cœur à qui l'appelle,
Lui, s'abaisse et devient ange de charité ;
Au devant de tout bien, n'importe en quelle voie,
Douce ou pénible, il marche : « Me voici,
Dit-il, Je suis tout à vous » ; mais aussi,
Dans quels transports de joie,
Chacun vers lui renvoie
Ce mot qui naît et frappe au cœur : « Merci, merci ! »

✠

J'ai combattu, Seigneur, quarante ans pour ta gloire ;
Disait jadis un vieux roi très chrétien.
Quarante ans, oh ! c'est bien !
Mais toi, soldat du Christ, à ton histoire
Ajoute pour mémoire
Vingt ans de plus et dis : « Ce combat fut le mien
Et nous, tes fils émus, contemplant la bannière
Qui nous précède au chemin de l'honneur ;
Dans la même carrière
De vertu, de prière
Nous marcherons, pleins d'une noble ardeur.
« En avant ! dirons-nous. Suivons le bon pasteur ! »

Ô noble vétéran de la Sainte Phalange !
Mes humbles chants sont indignes de toi.
Ton nom béni suffit à ta louange ;
Cependant laisse-moi
Convier l'homme et l'ange
Et tout être qui vit à suivre mon émoi.
Passez, vents et soleils, sur cette tête auguste !
De ce beau front respectez la splendeur !!!
Sans avoir de rigueur.
Passez, hivers à la dent si robuste !
Passez, méchants, si vous avez du cœur,
N'outragez pas le juste,
Passez, frères amis : « Salut au bon pasteur ! »

A. M. D. G.

PAU, IMPRIMERIE VIGNANCOUR, PLACE DU PALAIS

www.ingramcontent.com/pod-product-compliance
Ingram Content Group UK Ltd.
Pitfield, Milton Keynes, MK11 3LW, UK
UKHW020352180726
13839UKWH00003B/1043